D1669482

70 Jahre
Waldorfpädagogik
in Berlin

1928   1948   1998
1938

Grußwort des Regierenden Bürgermeisters von Berlin, Eberhard Diepgen

Zur Vielfalt unseres Gesellschaftssystems, zum Selbstbestimmungsrecht der Eltern und Schüler gehört ein breites Angebot von Schulen besonderer pädagogischer Prägung. Die meisten von ihnen entstanden in den zwanziger und dreißiger Jahren dieses Jahrhunderts, neben den christlichen Schulen vor allem die freien Waldorfschulen. Seit 70 Jahren gibt es sie in Berlin. 1928 wurde die erste Rudolf Steiner Schule in der Reichshauptstadt gegründet.

Der nationalsozialistischen Gleichschaltungspolitik entgingen auch die freien Waldorfschulen nicht, umso beherzter begann unter schwierigen Bedingungen der Wiederaufbau gleich nach dem Kriege. 1957 konnte das erste Abitur abgelegt, 1968 der erste Erweiterungsbau bezogen werden.

Die Freien Waldorfschulen erfreuen sich weiterhin wachsender Beliebtheit. Aus Elterninitiativen entwickeln sich neue Schulen, nach der Wiedervereinigung auch im benachbarten Brandenburg. Sie setzen ein großes Engagement der Lehrer und Eltern voraus, ermöglichen den Kindern eine ganzheitliche Erziehung.

Die Vielfalt des schulischen Angebotes bleibt ein Markenzeichen Berlins. Ich beglückwünsche alle Eltern, Lehrer und Schüler der Rudolf Steiner Schule zu ihrem Jubiläum und wünsche für die folgenden Jahrzehnte einen spannenden und ereignisreichen Unterricht im menschlichen Miteinander.

Grußwort der Senatorin für Schule, Jugend und Sport, Ingrid Stahmer

Vor 70 Jahren wurde in Berlin die erste Rudolf Steiner Schule gegründet. Seit 1928 vergrößerte sich die Zahl der Waldorfschulen stetig - trotz der schwierigen Jahre zwischen 1928 bis 1938, in denen die Nationalsozialisten die Waldorfpädagogik bekämpften und die Schulen verboten wurden. 1938 mußte die Berliner Schule schließen. Heute befinden sich, was ich sehr begrüße, insgesamt 10 Schulen im Umkreis von Berlin, die auf anthroposophischer Grundlage unterrichten.

Diese Schulen liefern einen lobenswerten Beitrag zum freien Schulwesen in unserer Stadt. Die große Vielfalt an Modell- und Privatschulen ermöglicht es Berliner Eltern, Schülen und Schülerinnen, frei entscheiden zu können, welche Schulformen und welche Schulträger sie als Bildungsangebote wählen wollen. Auf diese Weise bleibt unser Schulsystem lebendig und entspricht unserer pluralistischen Gesellschaft.

Als erste Gesamtschulen auf deutschem Boden haben die Waldorfschulen dankenswerte Pionierarbeit geleistet. Das Gesamtschulsystem schafft heute noch einen Raum für Kinder und Jugendliche, in dem sie mit Mitschülern und -schülerinnen aus den verschiedensten Schichten zusammenkommen - später, während der Berufsausbildung oder auf der Universität, begrenzt sich dieser Radius immer mehr. Der gemeinsame Unterricht fördert das Sozialverhalten unserer Kinder und baut Vorurteile ab. Sehr schön finde ich, daß sich einige Waldorfschulen zu richtigen „Kiezschulen" entwickelt haben, die eine gleichberechtigte Alternative zu anderen Gesamtschulen in dem jeweiligen Bezirk darstellen.

Allen Eltern, Schülern, Schülerinnen, Lehrern und Lehrerinnen der Berliner Waldorfschulen wünsche ich ein fröhliches Schuljubiläum und hoffe auf eine in der Zukunft erfolgreiche und kontinuierliche Weiterarbeit.

Ingrid Stahmer

Verehrte, liebe Berliner Waldorf-Freunde !

70 Jahre Waldorfpädagogik in Berlin - welch eine Geschichte, welch eine Fülle! Wer wollte da nicht innehalten und dankbar zurück-, aber auch zuversichtlich nach vorne schauen. Noch können Zeitzeugen von den ersten Anfängen berichten, von der Opferbereitschaft und dem Einsatz, den die Begründer der ersten Schule gezeigt haben, und wie sie dies unter immer schwierigeren politischen Bedingungen bis zur Schließung für „ihre" Kinder taten. Bewegend für uns heute ist der Bericht einer ehemaligen Schülerin davon, wie eine Lehrerin strengstens eine antisemitische Entgleisung eines Buben geahndet hat, und die daran gestellte Frage, wie die deutsche Geschichte verlaufen wäre, wenn mehr Lehrer solches Format gehabt hätten. [S. 58]

Diese menschheitliche, den Kindern verpflichtete Einstellung war sicher auch die Grundlage dafür, im Jahre 1948 mit einer neuen Schule beginnen zu können. Viele Jahre hindurch in bescheidenen räumlichen Verhältnissen lebend, hat die tätige Eltern- und Lehrerschaft nicht nur am Ort nach und nach zuträgliche Verhältnisse schaffen können; die Ausstrahlungskraft der Schulgemeinschaft führte zu vielfältigen weiteren pädagogischen Initiativen.

Heute ist es eine fast nicht mehr überschaubare Fülle von Waldorfeinrichtungen: von Kindergärten, Schulen, heilpädagogischen Schulen und Heimen, und sogar eine Lehrerbildungsstätte, die sich im Berliner Raum der Förderung einer menschengemäßen Entwicklung von Kindern und Jugendlichen verschrieben haben. In jüngster Zeit noch hinzugetreten ist das Büro der „Freunde der Erziehungskunst Rudolf Steiners", von dem aus pädagogische Projekte in aller Welt unterstützt werden.

Dankbar schaut die deutsche Waldorfbewegung aber gerade auch auf das Berliner Engagement im ehemals abgetrennten Teil der Stadt und im Umland. Unabhängig von anderen Fusionen (bzw. Nicht-Fusionen) findet hier ein reales Zusammenwachsen statt. Hoffnungsvoll kann man darauf schauen, was aus dem initiativen Menschenkreis der Eltern, der Lehrer- und der Schülerschaft in Berlin an weiteren Impulsen für die Waldorfpädagogik hervortritt.

Eine kräftige, ideenreiche Weiterführung Ihrer Arbeit wünscht Ihnen der Vorstand des Bundes der Freien Waldorfschulen

Walter Hiller

Walter Hiller

In der Freien Waldorfschule Harduf / Israel lernen die Schülerinnen und Schüler von der 1. Klasse an Arabisch, um sich mit ihren Dorfnachbarn verständigen zu können. Sie üben auf diese Weise aktive Toleranz.

Waldorfpädagogik weltweit

Aus der Arbeit der Freunde der Erziehungskunst Rudolf Steiners e.V.

Huang Xiao Xing wuchs im ländlichen China auf, wo er als Kind Gemüse und Reis angebaut, aber auch Gänse und Büffel gehütet hat. Mit acht Jahren wurde er von seinen Eltern in die Dorfschule geschickt, weil sie meinten, daß er eine Erholung von der Arbeit auf den Feldern brauche. Während seiner Schul- und seiner Studienzeit an der Universität bewahrten die Eltern, die selbst niemals eine Schule besucht hatten, das Land in dem Glauben, ihr Sohn käme eines Tages zurück, um die Felder zu bestellen. Erst als er bei einer ausländischen Firma arbeitete, gaben sie diese Hoffnung auf. Später, als er schon erfolgreich ein Restaurant und ein Reisebüro führte, pflegte er viele ausländische Besucher zu treffen. Eines Tages kam er ins Gespräch mit zwei australi-

schen Touristen, die ihm allerhand erzählten, so auch von Anthroposophie und Waldorfpädagogik. Dieses Gespräch beschäftigte ihn lange und führte schließlich zu der Entscheidung, das Restaurant, mit dem er gerade erst richtig Geld zu verdienen anfing, aufzugeben und zum Studium der Waldorfpädagogik nach England zu reisen. Mittlerweile hat er sein Studium mit einem Masters Degree in Waldorfpädagogik an einem amerikanischen College abgeschlossen.

Im Juni 1998 erhielten wir einen Brief von Huang Xiao Xing und seiner Frau, in welchem uns beide einen Projektvorschlag zur Gründung eines ersten Waldorfkindergartens in China unterbreiteten. Viele chinesische Eltern würden ihren Kindern, die ja aufgrund der „One Child Policy" meistens Einzelkinder sind, gerne eine gute Erziehung ermöglichen. Das mag der Grund dafür sein, daß es bereits viele neue Privatschulen gibt, die aber alle dem staatlichen Curriculum folgen. Nur die Kindergärten werden nicht in dem Maße kontrolliert, so daß dort mit einer Erneuerung begonnen werden kann. Seit der Begründung der Waldorfpädagogik - die erste Waldorfschule entstand ja 1919 in Stuttgart - hat sich diese pädagogische Bewegung über die ganze Welt hin ausgebreitet. Heute gibt es waldorfpädagogische Einrichtungen in Ländern aller Kontinente; es gibt ungefähr 760 Waldorfschulen, 1200 Waldorfkindergärten und mehrere hundert heilpädagogische und sozialtherapeutische Einrichtungen auf anthroposophischer Grundlage, wie auch die entsprechenden Seminare.

In den vergangenen beiden Jahren entstanden mehrere Initiativen in einigen Ländern Asiens, wo die Waldorfpädagogik bis dahin keine Verbreitung gefunden hatte. Hier wie auch in Afrika und Südamerika stellt sich die Aufgabe besonders deutlich, den methodischen Ansatz der Waldorfpädagogik auf die jeweilige kulturelle Situation hin zu individualisieren. Als pädagogisch-methodischer Ansatz, der aus den Entwicklungslinien der Kinder und der Jugendlichen geschöpft ist, realisiert sich Waldorfpädagogik durch die jeweiligen Lehrerinnen und Lehrer, indem diese ihre eigenen Unterrichtskonzepte entwerfen - in Kenntnis der Kultur des Landes, der besonderen geographischen Gegebenheiten und der geschichtlichen Bedingungen wie auch der typischen Seelenkonfiguration ihres Volkes. Je selbständiger Lehrerinnen und Lehrer aus diesen beiden Quellen - der Kenntnis der Entwicklung von Menschen und der Kenntnis der kulturellen Gegebenheiten - schöpfen können, desto aktueller wird diese moderne Pädagogik verwirklicht.

Einige Beispiele mögen genügen, um auf die vielfältigen Möglichkeiten hinzuweisen. Die 11. Klasse der Waldorfschule

Die 6. Klassen der Waldorfschule Ljubljana / Slowenien und der Waldorfschule Budapest / Ungarn treffen sich, um sich gegenseitig zu zeigen, was sie im Unterricht gelernt haben.

in Bern/Schweiz z.B. verlegt ihren Hauptunterricht in Biologie, Geographie, Geschichte, Zeichnen und manch anderem Fach auf eine Reise: die ganze Klasse macht mit ihren Lehrern eine Alpenüberquerung und lernt - zu Fuß unterwegs. In Harduf/Israel lernen die Kinder von Anfang an Arabisch, um die Sprache ihrer Dorfnachbarn sprechen zu können und so einen Beitrag zu aktiver Toleranz zu leisten. In der Tradition der - sicher umstrittenen - osteuropäischen Schulwettbewerbe treffen sich die 6. Klassen der ungarischen Waldorfschulen und der Waldorfschule in Ljubljana/Slowenien, um sich gegenseitig zu zei-

gen, was sie im Unterricht gelernt haben. Viele weitere Beispiele ließen sich anführen und zeigen die Vielfalt der pädagogischen Möglichkeiten, die sich in einer Waldorfschule eröffnen.

Neben den zentralen pädagogischen Fragen sind in der internationalen Waldorfschulbewegung viele rechtliche und wirtschaftliche Fragen zu lösen. Die Schulgesetzgebungen sind schon in den Staaten Europas außerordentlich verschieden, besonders im Hinblick auf die Schulen in freier Trägerschaft. Während einige europäische Staaten wie z.B. Dänemark, Schweden, Norwegen, Holland und Deutschland Schulen in freier Trägerschaft zumindest zu einem größeren Teil finanzieren und in Slowenien, Ungarn, Rumänien und Rußland Waldorfschulen als staatliche Schulen betrieben werden, gibt es Staaten, in denen die Waldorfschulen keine staatliche Unterstützung erhalten, wie England, Frankreich, Italien und Spanien. Letzteres gilt auch für die allermeisten außereuropäischen Länder, in denen es Waldorfpädagogik gibt. Dort wird ein plurales Bildungsangebot zwar nicht unterbunden, aber auch in keiner Weise gefördert. Wenn in diesen Ländern Waldorfschulen nicht ausschließlich einer begüterten Gesellschaftsschicht offenstehen sollen, dann müssen immer wieder Hilfeleistungen der Internationalen Schulgemeinschaft erfolgen, um diese Schulen aus schwierigen - manchmal auch unlösbaren - Situationen zu retten. Dieser Aufgabenstellung hat sich die Vereinigung »Freunde der Erziehungskunst Rudolf Steiners« angenommen, die seit 1976 versucht, Kindergärten und Schulen, heilpädagogische Einrichtungen und Seminare weltweit zu unterstützen.

Andere Aufgaben sind in den letzten Jahren für die »Freunde der Erziehungskunst« hinzugekommen, so die Konzeption einer Ausstellung über Waldorfpädagogik, die auch zur Feier »70 Jahre Waldorfpädagogik in Berlin« zu sehen sein wird. Gleichzeitig wurde die Beziehung zur UNESCO intensiviert, so daß heute z.B. schon eine ganze Reihe von Waldorfschulen Mitglieder im Projektschulnetz der UNESCO (Associated Schools Project) sind. Auch die Zusammenarbeit mit dem Bundesministerium für wirtschaftliche Zusammenarbeit und Entwicklung konnte verstärkt werden, so daß Einrichtungen in Georgien, Rumänien, Südafrika und Brasilien in den Genuß staatlicher Fördermittel gelangt sind. Dadurch, daß das Bundesministerium für wirtschaftliche Zusammenarbeit Grundbildung zu einer Priorität in der Entwicklungszusammenarbeit gemacht hat, unterstreicht die Bundesregierung die Bedeutung von Erziehung und Bildung für die Entwicklung von Selbständigkeit und Verantwortung in der Welt. Eine innovative Pädagogik, die sich den Veränderungen unserer Zivilisation aufgeschlossen zeigt, aber auch die wesentlichen Werte des menschlichen Zusammenlebens wahrt, leistet weltweit einen Beitrag dafür, daß weniger die die Zivilisation zerstörenden Kräfte, sondern viel mehr die zum inneren Menschheitsfortschritt beitragenden Kräfte einen Platz finden.

Nana Göbel
(Freunde der Erziehungskunst Rudolf Steiners e.V., Berlin)

Was will Waldorfpädagogik?

Anthroposophie ist keine Lehre

Ein guter Unterricht fährt sich nicht in Einseitigkeiten fest, sondern atmet. Bloße Wissensvermittlung interessiert keinen jungen Menschen. Wenn der Unterricht aber künstlerisch-dramaturgisch gestaltet wird, indem im rhythmischen Wechsel Spannungen aufgebaut und wieder gelöst werden, wird Schule lebendig. Jeder gute Lehrer praktiziert das. Waldorfpädagogik versucht, lebendigen Unterricht künstlerisch durchzuführen und seine Voraussetzungen mit Bewußtsein zu durchleuchten. Letzteres kann man auch Anthroposophie nennen.

Anthroposophie ist kein von Rudolf Steiner fertig ersonnenes Weltbild, sondern eine bewußte Beziehung zum Geistigen im Menschen. Die Werke Rudolf Steiners sind keine theoretischen Konstrukte, sondern regen Begriffsbildungen an, die - richtig gehandhabt - eine Erkenntnis von seelisch-geistigen Realitäten und ein geistesgegenwärtiges Handeln fördern.

Es ist wenig verwunderlich, daß vonseiten einer materialistischen Weltanschauung, die seelisch-geistige Realitäten dogmatisch leugnet, der Anthroposophie jegliche wissenschaftliche Existenzberechtigung abgesprochen wird. Die Früchte der Anthroposophie - z.B. in der Medizin, der bio-dynamischen Landwirtschaft und auch in der Pädagogik - legen ein anderes Zeugnis ab. - Von den Lehrern wird erwartet, daß sie sich mit Anthroposophie auseinandersetzen, nicht aber von den Eltern, von denen sich in der Regel nur etwa 5% näher damit beschäftigen.

Lernen an Bildern - Lernen durch Tun

Das Lernen im Grundschulalter ist noch nicht gedanklich abstrakt, sondern bildhaft konkret. Bilder, die die Schüler innerlich bewegen können, ermöglichen es, ein *Gefühl* für die mannigfaltigen Erscheinungen der Welt auszubilden und sie *daran* zu begreifen. Durch ein nachahmendes Einleben in die Bewegungsformen des Schreibens werden auch Gefühl und Willen angesprochen und die Buchstaben aus künstlerisch gestalteten Bildern herausgearbeitet. So wird das bildhafte Erleben und der Bewegungsdrang des Kindes aufgegriffen und zum Verständnis des jeweiligen Unterrichtsgegenstandes hingeführt. Unter dem Motto „Lernen durch Tun" wird so das Schreiben vor dem Lesen gelernt. In der Mittel- und Oberstufe tragen handwerklicher Unterricht und Betriebs- und Sozialpraktika zur lebenspraktischen Orientierung bei.

Lebendiges Unterrichten macht den Lehrer zur Autorität

Zufriedenheit mit einer Unterrichtsstunde sollte, meinte Rudolf Steiner, einen Lehrer nicht dazu verleiten, sie später zu wiederholen. Denn wer sich am Leben orientiert, ist ständig in Verwandlung begriffen. Auf der lebendigen Ausgestaltung des Unterrichtsinhaltes gründet die natürliche Autorität des Grundschullehrers. Das Wort „Autorität" ist immer wieder Quelle von Mißverständnissen, wenn es fälschlicherweise mit „autoritär" assoziiert wird. Echte Autorität setzt ein Vertrauensverhältnis zwischen Lehrer und Schüler voraus. Rudolf Steiner betont, daß es „unendlich wichtig" sei, daß das Grundschulkind an dem Erzieher bzw. Lehrer „eine selbstgewählte, freiwillig gewählte Autorität empfindet"[1]. Dessen muß sich der Lehrer erst als würdig erweisen. Eine autoritäre Haltung ist diesem Ideal diametral entgegengesetzt. Lehrer werden autoritär, wenn sie nicht mehr über die notwendige innere Ruhe und liebevolle Hingabe an die lebendige Kindesnatur verfügen. Bereits Rudolf Steiner hatte vorgeschlagen, den Lehrerberuf dadurch immer wieder an das Leben heranzuführen (und dem „Burn-out-Syndrom" entgegenzuwirken), daß in einem Sabbatjahr der Lehrer z.B. in wirtschaftlichen Berufen arbeitet.

Was will Waldorfpädagogik?

Für seelische Qualitäten Sensibilität entwickeln

Auch die gesunde Entwicklung emotionaler Intelligenz soll an der Waldorfschule gefördert werden. Darum sollte der Lehrer für die verschiedenen seelischen Konstitutionen der Kinder Sensibilität entwickeln und sie in den Unterricht miteinbeziehen. So wird z.B. selbst der Rechenunterricht wesentlich abwechslungsreicher und spielerischer, wenn im Klassengespräch auch auf die Temperamente der Kinder Rücksicht genommen wird. Die vier klassischen Temperamente sind dabei nur Anhaltspunkte.

Mit Keimkräften der Nacht arbeiten

In einer guten Unterrichtsstunde des Hauptunterrichts wird ein Waldorflehrer nicht alles bis zu Ende erklären, sondern bewußt wichtige Fragen offen lassen. In einer gesund durchschlafenen Nacht kann eine Frage im Unterbewußten geistig aufkeimen, so daß sie am nächsten Tag mit einem ganz anderen Tiefgang *von den Schülern aus* behandelt werden kann. Daran kann wiederum der Lehrer nur aus Geistesgegenwart mit seinem Unterricht anknüpfen, wobei er bereit sein muß, eventuell seinen vorbereiteten Stoff über Bord zu werfen. Dann ist aus der *Belehrungsanstalt* eine *lebendige Lernwerkstatt* geworden, die bewußt das Geistige des Menschen aus der Nacht in den Lernprozeß einbezieht und den Schüler zum Maßstab und zur Richtschnur des Unterrichtens macht.

Geistige Beweglichkeit gründet in körperlicher und seelischer Beweglichkeit

Auch die körperliche Grundlage des Lernens wird besonders gepflegt. Der Sportpädagoge Jürgen Funke schreibt[2]: „In den körperlichen Handlungen hat die Entwicklungspsychologie die Grundlage der Intelligenz

Jan

R.S. 12.11.'?5

wahrgenommen ... Noch die abstraktesten Leistungen unseres erwachsenen Vermögens haben irgendwann im Entwicklungsgang körperliche Handlung zu ihrer Bedingung gehabt." Das ist eine Grunderkenntnis in der Waldorfpädagogik. „Körperliche Arbeit ist geistig, geistige Arbeit ist leiblich, am und im Menschen." So faßt Rudolf Steiner in einem seiner Lehrervorträge kurz vor Eröffnung der ersten Waldorfschule dieses doppelte Ineinanderspielen von Leib und Geist zusammen[3]. Konkret bedeutet das, daß neben dem Sport- und Eurythmieunterricht, im Plastizieren, Schnitzen, Tischlern, Metallarbeiten, Schmieden, Steinmetzen, Stricken, Häkeln, Sticken, Schneidern, Filzen, Flechten, Schuhmachen, Spinnen, Weben, Flöten, Leierspielen, Malen, Zeichnen und Buchbinden die unterschiedlichsten Bewegungsintelligenzen ausgebildet werden. *Die Förderung der künstlerischen Beweglichkeit des Körpers bildet die beste Grundlage für die Entwicklung geistiger Beweglichkeit.* Wissen bekommt in der heutigen Zeit eine zunehmend kürzere Halbwertzeit. Das wichtigste, was eine Schule ausbilden kann, ist *die*

Fähigkeit zu inneren Umbildungen, die möglichst bis ins hohe Alter erhalten bleibt.   dh

1. In »Die Erneuerung der pädagogisch-didaktischen Kunst durch Geisteswissenschaft«, Vortrag v. 20.4.1920
2. »Mit dem Körper leben lernen« (in: B. Engholm (Hg.): »Demokratie fängt in der Schule an«, Frankfurt a.M. 1985)
3. Aus dem 13. Vortrag der »Allgemeinen Menschenkunde als Grundlage der Pädagogik«

Rudolf Steiner in Berlin
Über die Grundlagen der Anthroposophie

Rudolf Steiner kam 1897 im Alter von 36 Jahren nach Berlin, um die Herausgabe der Zeitschrift »Magazin für Literatur« zu übernehmen. Ab 1899 unterrichtete er an der von Karl Liebknecht gegründeten Arbeiterbildungsschule Geschichte - zunächst in der Annenstraße, ab September 1900 im Gewerkschaftshaus am Engel-Ufer, sowie in Spandau. Er hatte zur Bedingung gemacht, Geschichte auf seine Weise vortragen zu dürfen; er war kein Vertreter des „historischen Materialismus". Steiner avancierte zu dem beliebtesten Lehrer der Schule. Das irritierte zunehmend die Genossen in der Schulleitung, und sie versuchten, Steiner loszuwerden. Nach einem öffentlichen Streitgespräch zwischen Steiner und einem der ihrigen stimmten allerdings 348 Arbeiter für den Verbleib von Steiner und nur 12 dagegen. Nach Lindenberg[1] müssen dort die Worte gefallen sein, die Steiner später oft als typisch für die proletarischen Führer zitiert hat: „Wir wollen nicht Freiheit in der proletarischen Bewegung, wir wollen vernünftigen Zwang!"

Seitdem Rudolf Steiner mit den Früchten der Anthroposophie ins Licht der Öffentlichkeit trat, stieß er auf eine erbitterte Gegnerschaft. So sind immer wieder publikumswirksame Verrisse seines Wirkens von leidenschaftlichen Gegnern lanciert worden.

Kaum eine Bewegung hat die Äußerungen ihres Gründers so umfassend veröffentlicht wie die anthroposophische. Das 360 Bände umfassende Gesamtwerk besteht allerdings zum Großteil aus Nachschriften von Vorträgen vor Mitgliedern der An-

Rudolf Steiner in der Arbeiterbildungsschule, 1901

throposophischen Gesellschaft. Diese Vorträge wurden vor Zuhörern gehalten, denen die Grundlagen der Anthroposophie vertraut waren. Ohne diese Voraussetzungen werden die Inhalte häufig fremdartig erscheinen und unverständlich bleiben.

Wer sich dem rationalen Denken in festen, endlichen Größen verschrieben hat, kann nie das bewegliche Denken erreichen, welches zum Verständnis der Differentialrechnung nötig ist. Wer keine Bruchrechnung gelernt hat, wird sich erst recht kein Urteil darüber anmaßen. Genauso setzt ein Verständnis der Anthroposophie die Auseinandersetzung mit ihren Grundlagen voraus - ein intensives Studium.

Rudolf Steiner war promovierter Philosoph und hat sich zeit seines Lebens nicht gescheut, seine oft sehr kritischen Gedanken über die Zeitlage und die vermeintlichen Grenzen des Erkennens scharf zu formulieren. Früh beschäftigte er sich mit Mathematik, den Naturwissenschaften sowie Goethes naturwissenschaftlichen Schriften. Er betonte wie-

derholt die Notwendigkeit einer mathematisch-naturwissenschaftlichen Bildung als Voraussetzung für ein Verständnis der anthroposophischen Geisteswissenschaft.

„Ich glaube deshalb auch nicht und sage das ganz unumwunden, daß zu einem wirklichen geisteswissenschaftlichen Erkennen derjenige kommen kann, der nicht im strengen Sinne des Wortes eine naturwissenschaftliche Disziplin sich erworben hat, der nicht forschen und denken gelernt hat in den Laboratorien und durch die Methode der neueren Naturwissenschaft."[2]

„Sie werden, wenn Sie die Philosophie wirklich studieren [gemeint ist Steiners Werk »Die Philosophie der Freiheit«, die zu einem geistesgegenwärtigen Anschauen des Denkens führen soll], das Tor genau merken, durch das durch diese Philosophie der Weg in die Geistigkeit hinein geboten wird, nur daß ich in dieser Philosophie so vorging, daß ich jedem analytischen Mechaniker über den Gang meiner Untersuchungen hätte Rechenschaft geben können und daß ich gar keinen Wert legte auf dasjenige, was etwa an Zustimmung zu einem Wege in die Geistigkeit hinein kommen könnte durch all das Geschwafel, das von irgendwelcher spiritistischen oder mystisch-nebulosen Seite her kommt."[3]

dh

Anmerkungen:
1. Christoph Lindenberg, »Zeitgenossen Rudolf Steiners im Berlin der Jahrhundertwende« Dornach 1988, und Rudolf Steiner in »Gesammelte Aufsätze zur Kultur- und Zeitgeschichte 1887 - 1901«, GA 31, S. 221 - 224
2. »Grenzen der Naturerkenntnis«, GA 322, 3. Vortrag
3. ibid, 4. Vortrag

In meinen jungen Jahren, damals war ich noch mehr bildungshungrig als heute, besuchte ich die Arbeiterbildungsschule. Wir hatten dort einen eigenartigen Lehrer. Ich glaube, er hieß Rudolf Steiner. Das war ein ganz merkwürdiger Mensch. So einen Lehrer habe ich nie wieder gehabt. Eine hagere Gestalt, fast schäbig angezogen. Er trug immer einen alten Gehrock, die Hosen sahen aus wie Korkzieher, viel zu kurz und ebenso abgetragen. Anfangs trug er einen Spitzbart, dann einen Schnurrbart, später ging er bartlos. Sein Bild habe ich noch ganz deutlich vor Augen. Aber alle hingen mit großer Liebe an ihm und ich wäre, wie wohl die meisten, für ihn durch's Feuer gegangen. Was er eigentlich gelehrt hat, ich kann es heute nicht mehr sagen, aber er war von einer Liebe und Güte, wie ich es bei keinem Menschen wieder angetroffen habe. - Sonderbar, ich sprach öfters mit meiner Braut darüber,

ob er tatsächlich so arm wäre, denn in der Pause zog er immer eine trockene Schrippe aus der Tasche und aß sie, so eigentlich recht vergnügt, auf. - Aber wenn Ihr denkt, sie hätten ihn in der Pause in Ruhe gelassen, weit gefehlt. Die ganze Bande rückte ihm auf den Leib und des Fragens war kein Ende. Ruhig lächelnd, mit unbeschreiblicher Geduld, antwortete er jedem Frager, während er seine Schrippe aß. -

Später kam der Richtungsstreit in der Partei und da wurde er so eigentlich abgedrängt, er ging dann von selbst. Wir haben es alle sehr bedauert und nie habe ich wieder etwas von ihm gehört. In der Zeitung stand vor einiger Zeit mal, ich glaube es war in der Schweiz in Dornach, da soll er gestorben sein.

Bericht eines Zeitzeugen (aus einem undatierten Brief)

Gewerkschaftshaus am Engel-Ufer 15, seit September 1900 Schullokal der Arbeiterbildungsschule

Prozesse statt Strukturen: Begegnung und Bewegung

Was wußte ich, als ich meine Kinder in der Freien Waldorfschule Kreuzberg anmeldete? War es nicht so, daß diese Schule von einem Schleier bedeckt war, und wurde sie nicht besucht von Menschen, die überwiegend vegetarisch essen und Schafwollsocken tragen?

Im Waldorfkindergarten roch es nach Lavendel; der Garten - in Stadtmitte - blühte prächtig; die Erzieherinnen waren so nett... Die ersten Schritte meiner Kinder führten in den Waldorfkindergarten. In den Jahren dort wurde etwas von dem „Schleier" gelüftet. Mit den Feiern der Jahresfeste, mit dem Lesen über die Entwicklung des Kindes wurde Interesse an der Waldorfpädagogik in mir geweckt - meine Kinder entwickelten sich sehr harmonisch, und außerdem merkte ich: die anderen Eltern waren Menschen wie du und ich!

Trotzdem war der erste Schritt in die Schule ein gewaltiger Schritt. Als meine Tochter „am goldenen Band" mit ihrer Lehrerin in der 1. Klasse verschwand, während die Zwölftklässler ein Quartett spielten und mir die Tränen kamen, da wußte ich: „Hier ist etwas ganz Besonderes, und ich begebe mich hinein."

Es fiel mir am Anfang schwer, die doch etwas „spezielle Sprache" an der Schule zu verstehen. Inzwischen, nach drei weiteren Jahren, kann ich antworten auf die Frage: „Was ist das Besondere, und warum habe ich mich für diese Schule entschieden?"

Schnell habe ich erfahren, daß ich mich nicht zu schämen brauchte, nicht mit der Anthroposophie vertraut zu sein; im Gegenteil, ein Raum für offene Fragen war da. Es schien mir sogar, daß das „Nicht Insider Sein" und das „offene Fragen Stellen" begrüßt wurde.

Mit dem Älterwerden wuchs das Bedürfnis in mir, herauszufinden, was mir wichtig im Leben ist. Heute sehe ich deutlich eine Verbindung zwischen meiner eigenen Erziehung, wo meine Eltern gewisse Grundsteine gelegt haben, und der Anthroposophie. Die Grundsteine tauchen wieder auf, und ich finde als Mutter in dieser Schule Möglichkeiten, meine Ideale und Fähigkeiten zu entfalten. So

Begegnung und Bewegung im Tierreich: Tiere in ihrer Umgebung - spielende Delphine im Wasser, Plastizierübung aus der 6. Klasse

wie bei den Kindern die eigenen Fähigkeiten gefördert und entwickelt werden (eine wahre Kunst!), damit sie später als Individuen in der Welt auftreten können, so gibt auch mir die Schule die Möglichkeit, mich zu entfalten, und zwar aus mir heraus, in meinem Tempo, auf meine Art.

Ich fühle mich nicht gezwungen, die Werke Rudolf Steiners zu lesen, ich bin frei zu wählen, wo hinein ich mich vertiefe, frei zu entscheiden, wo ich mitgestalte. Mein Wille, mich hineinzubegeben, wurde geweckt; das bedeutet Bewegung!

„Bewegung und Begegnung" - ich glaube, sagen zu können, daß diese Begriffe die Kreuzberger Waldorfschule sehr gut charakterisieren - daß diese Begriffe auch meinen persönlichen Interessen entsprechen, ist bestimmt kein reiner Zufall. Ich lerne mit den Augen des Anderen zu sehen, ich versuche, den Anderen zu verstehen, nicht nur was er tut, sondern vor allem, warum er es tut.

Ich lerne, meine Fähigkeiten einzusetzen; zum Beispiel, andere Menschen zu begeistern. Nicht um andere für meine Ziele zu benutzen - das wäre relativ einfach - nein, es ist ein ständiges Geben und Nehmen. Eine Offenheit zu schaffen für die Initiativen von anderen und der Versuch, mich damit zu verbinden, auch wenn es nicht meinen Vorstellungen entspricht. Diese gegenseitige Wahrnehmung, die Aufnahme von Ideen und Initiativen, kann zur Lebensaufgabe werden. Es fördert den Glauben an die Wirkung des Einzelnen in der Gesellschaft und ein ständiges Bemühen.

Dieses Bemühen ist nach meiner Meinung eine Voraussetzung für die Selbstverwaltung. In Kreuzberg bemühen wir uns und üben z.B., wenn wir jeden Monat mit etwa 40 Menschen - Eltern, Lehrern und Schülern - zusammensitzen und „gemeinschaftlich und in Partnerschaft" unsere Schule gestalten, wie es so vorbildlich formuliert wurde. Die Fähigkeiten und Unzulänglichkeiten des Einzelnen stehen im Raum; das Üben, das Bewegen im Vordergrund.

Besonders nachdem ich verschiedene andere Waldorfschulen besucht habe, sehe ich eine große Gefahr darin, ständig nach neuen *Strukturen* zu suchen. Es sind nicht die Strukturen, die an erster Stelle stehen sollten, es sind die *sozialen Prozesse*. Denn nur diese finden in der *Gegenwart* statt.

Maud Beckers-Kurum (Freie Waldorfschule Kreuzberg)

> *Ich lerne mit den Augen des Anderen zu sehen, ich versuche, den Anderen zu verstehen, nicht nur was er tut, aber vor allem, warum er es tut.*

Das Sandkorn

Hast du schon jemals ein Sandkorn gesehn?
Nicht bloß so im Vorübergehn,
So nebenbei, von oben her,
So ungefähr-.
Nein, dicht vor den Augen, hingekniet,
Wie man sich eine Schrift besieht.
Oh, wie das Sandkorn leuchtet in der Sonne
Wie ein Stern am Himmel, voller Wonne.

Und riesengroß die Klippen stehn...
Doch manchmal kommt es wohl auch vor,
Daß sich ein Krebs hierher verlor.

Ich bin ganz allein,
Und lausche dem Rauschen.
Vielleicht ist es das "Frei sein",
Es umhüllt mich
Das Rauschen von da draußen.
Dich mein Sandkorn hier am Strand,
Welch ein Glück, daß ich dich hier, am Fuß der Klippen, fand.
Als das Meer kam und wieder schwand.
Wer weiß, was alles hier geschieht.
Nicht jeder hier das Wunder sieht,
Kein Wort verrät der Strand,
An dem ich dieses Sandkorn fand.

Und riesengroß die Klippen stehn...
Hast du schon jemals ein Sandkorn gesehn?

Sophie Hamm (8. Klasse Rudolf Steiner Schule)

Das Sandkorn

Hast du schon jemals ein Sandkorn gesehn?
Nicht bloß so im Vorübergehn,
So nebenbei, von oben her,
So ungefähr. -
Nein, dicht vor den Augen, hingekniet,
Wie man sich eine Schrift besieht.
Oh, wie das Sandkorn leuchtet in der Sonne
Wie ein Stern am Himmel, voller Wonne.

Und riesengroß die Klippen stehn...
Doch manchmal kommt es wohl auch vor,
Daß sich ein Krebs hierher verlor.

Ich bin ganz allein,
Und lausche dem Rauschen.
Vielleicht ist es das "Frei sein",
Es umhüllt mich
Das Rauschen von da draußen.
Dich mein Sandkorn hier am Strand,
Welch ein Glück, daß ich dich hier, am Fuß der Klippen, fand.
Als das Meer kam und wieder schwand.
Wer weiß, was alles hier geschieht.
Nicht jeder hier das Wunder sieht,
Kein Wort verrät der Strand,
An dem ich dieses Sandkorn fand.

Und riesengroß die Klippen stehn...
Hast du schon jemals ein Sandkorn gesehn?

Sophie Hamm (8. Klasse Rudolf Steiner Schule)

Vergrößerter Ausschnitt aus einem Farbkreis, 10. Klasse

Menschenbegegnung vor Stoffvermittlung

Es ist eine interessante Erscheinung, daß Erwachsene im Rückblick auf die eigene Schulzeit mehr an ihre Lehrer denken als an die Inhalte des Unterichts. Auch sind die Erinnerungen an die Lehrer immer mit Gefühlen verbunden. Sympathie und Antipathie spielen eine große Rolle, auch dann noch, wenn die Schulzeit schon weit zurückliegt. Dagegen sinken Unterrichtsinhalte meist schnell in die Vergessenheit. Was für Prüfungen gepaukt wurde, hat keinen Bestand.

Das ist ein Hinweis auf die Tatsache, daß sich im Unterricht noch viel mehr vollzieht als die Aufnahme von Lernstoff. Viele untergründige Prozesse spielen sich ab. Ein Lehrer, der seine Kinder nur von der Tafel aus sieht, wird die vielen Vorgänge unter den Tischen nur schwer bemerken. Von der Persönlichkeit des Lehrers, von seiner menschlich-sozialen Fähigkeit, von seiner Geistesgegenwart und von seinem lebendigen Umgang mit Unterrichtsinhalten wird es abhängen, ob die Schüler sich überhaupt irgendwie engagieren. Lernen in der Schule erschöpft sich nicht in der Übernahme sogenannter „Unterrichtsgegenstände" oder „Stoffgebiete", sondern viel wichtiger ist es, daß kleinere und größere Menschen lernen, miteinander umzugehen und Interesse aneinander und an der Welt zu entwickeln.

In einem Rückblick anläßlich des bestandenen Abiturs beschreibt ein Schüler die für ihn wichtigste Forderung seiner Klasse an die Lehrer: Erwartet wird vor allem Persönlichkeit. In einem Gespräch, das dieser Darstellung vorausging, sagten Schüler der gleichen Klas-

se, daß ihnen die Begegnung mit einem Lehrer oft noch wichtiger war als ein gut funktionierender Unterricht. Es geht um Authentizität. Erwartet wird vom Lehrer, daß er alles „wie zum ersten Mal" macht, auch - oder gerade dann - wenn ein „Stoff" schon viele Male hintereinander unterrichtet wurde. Das entspricht der Grundhaltung von Jugendlichen, die ja ebenfalls immer Neuland betreten wollen. Wenn die Welt in der Schule nicht abbildbar und wiederholbar ist, dann bleibt die Aufgabe, sie in jeder Unterrichtsstufe neu entstehen zu lassen. Erzieherische Prozesse im Unterricht können da beginnen, wo Welt neu entsteht.

Lothar Steinmann (Seminar für Waldorfpädagogik Berlin)

Wendewirbel am Berliner Lehrerseminar

Stellen Sie sich bitte vor, Sie alle seien jetzt das Kollegium des Berliner Seminars für Waldorfpädagogik.

Heute in einer Woche beginnt der neue Tageskurs. Die Teilnehmerliste ist schon gedruckt. Sie sitzen in der Konferenz. Die Leitung teilt mit, daß das Arbeitsamt zwei Kandidatinnen geschickt hat, sogenannte Quereinsteiger. Beide sind ehemalige Lehrerinnen aus der ehemaligen DDR. Keine Vorbildung in Waldorfpädagogik, und warum auch? In den Augen des Arbeitsamtes sind wir dazu da, die Fortbildung der Lehrer zu liefern. Die Konferenz muß beschließen, ob die beiden aufgenommen werden, oder eben nicht. Wie würden Sie entscheiden? Ich erzähle Ihnen jetzt, was wir damals erfahren haben, und Sie fällen das Urteil.

Die erste Dame erzählt, sie sei ausgebildete Lehrerin, aber nicht für die Volksschule, sondern für die Pionier-Gruppen. Ihre Schule lag im Osten des Landes. Von den Unruhen, die 1989 in Berlin waren, oder in Leipzig, oder in Dresden - davon war ihre Schule abgeschirmt. Und jetzt beginnt ein Tag wie jeder andere, aber er ändert alles. Der Direktor

In diesem Stück kommt sie nicht vor. Daß der Mensch ein Zuschauer wird, ein Statist, eine Kulisse - das ist nicht, wie Steiner behauptet, eine Erfindung der anglo-amerikanischen Philosophie. Das ist gesamtdeutsche Wirklichkeit. Nicht nur für die Dame, die ich schildere. Ich frage Sie jetzt: Wie hätten Sie entschieden? Darf sie in den Tageskurs für Waldorfpädagogik eintreten oder nicht?

Die zweite Dame, die vor die Konferenz geladen wurde, war ausgebildete Lehrerin an der Oberstufe eines Gymnasiums. Übrigens hatten beide Damen selbstverständlich eigene Kinder und einen eigenen Haushalt zu versorgen, abgesehen vom Beruf. Hausfrauen als solche gab es nicht in der DDR. Diese Tatsache ist mir inzwischen derart selbstverständlich, daß ich sie zu erwähnen vergaß. Aber für die Mitglieder der kapitalistischen Länder muß ich es erwähnen, damit meine Erzählung stimmig bleibt. Also Un-

der Mensch sei "Schauplatz der Welt. Kein Zuschauer."

kommt ins Lehrerzimmer und sagt, daß der Unterricht nicht stattfindet. Unsere Dame antwortet, daß der Unterricht der wesentliche Zweck dieser Schule sei. Der Direktor: Die Schule ist aufgelöst. Unsere Dame: Aber die Schule sei doch ein wichtiges Organ der Partei? Der Direktor: Die Partei ist aufgelöst. Unsere Dame: Aber die Partei sei doch das Rückgrat des Staates? Der Direktor: Der Staat ist aufgelöst. Unsere Dame: Wie ein Blitz aus heiterem Himmel war ihr bisheriges Leben vernichtet. Was blieb, war die Familie, aber ohne gesellschaftliches Umfeld. Und ohne Arbeit. Ohne Einkommen. Ohne irgendeine Verankerung in dem plötzlichen Nichts. Die Dame hatte sich bisher als Schauplatz der Welt erlebt. Es war die Welt des Sozialismus. Von heute auf morgen war sie nicht mehr Schauplatz, sondern Zuschauer. Nein. Nicht einmal Zuschauer. Nicht einmal Statist. Nur ein Stück geschichtlicher Kulisse, die im Keller verschwindet, weil ein neues Stück gespielt wird.

terricht an der Oberstufe. Und wenn der Unterricht vorbei ist, kommt die Familie. Und nachmittags und abends sind die freiwilligen Kurse, die das Gymnasium den Schülern anbietet. Und dann die Klassenfahrten. Und wenn ein Schüler Probleme hat, kommt er zur Lehrerin. Selbstverständlich kennt sie sämtliche Familien, denn sie besucht die Eltern regelmäßig. So war es früher, und dazu sagte sie: Ja. Und „Ja" sagte sie zu den Versuchen eines demokratischen Sozialismus.

Von der „Wende" 1989 war sie nicht überfallen worden. Im Gegenteil, sie war daran beteiligt. Bis zur Wiedervereinigung lebte die Hoffnung auf eine neue DDR. Mit neuer Verfassung. Und plötzlich werden die Gymnasien „wiedervereinigt", das ist: kapitalistisch. Und das bedeutet im Klartext: Unterricht, und dann nach Hause. Keine Freizeitkurse für die Schüler. Vor allem nicht ohne Bezahlung. Und wer unentgeltlich arbeitet, gilt als Streikbrecher. Also gar nichts für die Jugendlichen. Vor allem keine Elternarbeit. Die Eltern haben in der Schule nichts zu suchen. Unsere Dame arbeitet drei Jahre lang in dem westlichen System. Dann folgt eine Nervenentzündung. Sie wird krankgeschrieben. Dann kündigt sie ihren Job. Begründung: „Es geht nicht mehr um die Schüler, sondern nur noch um die Pläne. Der Mensch gilt als Störfaktor. Das mache ich nicht mit". Sie meldet sich arbeitslos. Das Arbeitsamt schickt sie zu uns. Sie sitzt in der Konferenz. In einer Woche beginnt der neue Kurs. Wir müssen uns heute noch entscheiden. Beide Damen warten nun vor der Tür. Die Beratung beginnt. Wie hätten Sie entschieden? Und zwar sofort!

Damit habe ich geschildert, aus welcher Welt unsere Studierenden kommen (und indem ich sie als „Studierende" bezeichne, habe ich die Berliner Entscheidung bereits verraten), und wie sie sich zu dem Satz verhalten: daß „der Mensch kein Zuschauer" sei. Doch! Er ist Zuschauer. Weil er dazu gemacht wird. Weil er nicht arbeiten darf. Nicht für andere Menschen. Wie gerne hätten die beiden Damen sich als Schau-

Weil es Niemanden gibt, auf den ich mich berufen könnte. Keine Großbank, keine Partei, keine Kirche und keine „geistige Welt." Sondern Niemand steht hinter mir, und dieser Niemand bin ich.

platz der Welt erfahren! Und sie waren Schauplatz, Jahre hindurch. Plötzlich waren sie Statisten und Kulisse. Zuschauer sein zu müssen: das ist eine Tatsache des gesellschaftlichen Zusammenlebens. Wer diese Tatsache leugnet, der lügt. Und gelogen wird nicht, nicht am Berliner Seminar. Aber damit bin ich bereits am nächsten Punkt, der die Spielregeln benennt. Die beiden Damen wurden aufgenommen und sind Klassenlehrerinnen an Berliner Waldorfschulen, bereits im dritten Jahr. Als sie die Ausbildung begannen, waren sie Zuschauerinnen eines Dozenten, der die unverschämte Behauptung aufstellte, der Mensch sei „Schauplatz der Welt. Kein Zuschauer". Was haben die beiden Damen gedacht und gefühlt, als sie diesen Dozenten hörten? Wenn sie alle Sinne beieinander hatten, dann müssen sie gedacht haben: „Dieser Typ hat keine Ahnung". Ich sagte: „müssen". Denn ich habe sie nie danach gefragt, was sie von mir halten. Sondern ich habe die Spielregeln erklärt.

Meine Spielregeln bei der Erwachsenenbildung

Wo ich bin, wird nicht gelogen. Das ist die erste Spielregel. Heuchelei findet nicht statt. Wenn jemand etwas nicht weiß, dann sagt er es, daß er es nicht weiß. Wenn er es nicht versteht, dann sagt er: „Das verstehe ich nicht". Und wenn er etwas nicht glaubt, dann darf er es nicht glauben. Ich sagte: Wo ich bin. Das Wort „Ich" gilt als ungewöhnlich, wenn es sich um Regeln handelt. Man sagt lieber „man" oder „wir". Aber ich muß „ich" sagen, erstens, weil ich arrogant bin, und weil ich nicht lüge. Und zweitens, weil es niemanden gibt, auf den ich mich berufen könnte. Keine Großbank, keine Partei, keine Kirche und keine „geistige Welt". Sondern niemand steht hinter mir, und dieser Niemand bin ich. Die Formel lautet also: „Ich bin ich", und das ist der Satz der Wahrheit. Wahrhaftigkeit ist die Tugend des Denkens, und wo ich bin, wird gedacht, also nicht gelogen. Wenn die Studierenden also meinen, sie seien Zuschauer der Welt, dann sagen sie: „Wir sind Zuschauer". - Die zweite Regel betrifft den Willen. Wahrheit gilt nur für das Denken. Der Wille orientiert sich an dem, was man „das Gute" nennt. Die Technik der Regel besteht darin, daß der Mensch seinen Standort verläßt und sich im Standort eines anderen Menschen verkörpert. Man nennt es Selbstlosigkeit, aber dieses Wort ist eine doppelte Negation und hilft nicht. Ich sage: Stelle dich in die Schuhe des anderen. Oder wie die Indianer Nordamerikas: „Urteile nicht über einen Menschen, bevor du nicht zwölf Meilen in seinen Mokassins gelaufen bist". Der gute Wille wird also eingeübt, indem die Studierenden ihren Körper, also ihren Standort, also ihren Lebenslauf verlassen, also sterben, um sich in einem anderen Standort, einem anderen Lebenslauf zu verkörpern. Nicht für immer. Jederzeit können sie in ihren alten Körper zurückkehren. Auf diese Weise unterrichte ich

die „Wieder-Verkörperung". Und das bedeutet: Ich erwarte von den Studierenden, daß sie sich - manchmal - in meine Schuhe stellen. Sie machen die Erfah-

Wahrhaftigkeit ist die Tugend des Denkens, und wo ich bin, wird gedacht, also nicht gelogen.

rung, die sich ergibt, wenn sie den Gedanken anwenden: „Der Mensch ist Schauplatz der Welt". Also wird die Dame, deren Welt zusammengebrochen ist und die sich jetzt in meine Schuhe stellt, folgenden Satz denken: Die Welt bricht zusammen, und der Schauplatz, auf welchem sich diese Eigenschaft enthüllt, der bin ich. Mein eigener Zusammenbruch ist eine Offenbarung der Welt. Aber dieselbe Welt offenbart sich anders - dort, bei diesem komischen Dozenten. Und wenn wir beide Teile der Welt zusammenfügen, dann offenbart sich vielleicht eine dritte Eigenschaft der Welt: daß sie nämlich neu beginnt.

Wilfrid Jaensch
(Seminar für Waldorfpädagogik Berlin)

Neue Bewegungsräume:
Eurythmische Erfahrungen eines Schülers

Früher fehlte mir, wenn ich auch nicht grundsätzlich abgeneigt war, manchmal der richtige Zugang zur Eurythmie. Erst durch die intensive Arbeit an der eurythmischen Umsetzung eines Gedichtes für den

Rechts beginnt eine Folge von Eurythmieformen, die Julia Philippi und Stella Shah (12. Klasse Rudolf Steiner Schule) für ein Brahms-Werk selbst entwickelten

Zwölftklassabschluß stellte ich einiges für mich persönlich fest: Ich setzte mich plötzlich mit völlig neuen Bewegungsräumen auseinander. Man fiel völlig aus der Alltagsgestik heraus. Bei diesen ungewohnten Bewegungsabläufen hatte man selbst häufig das Gefühl, bei leichten Ansätzen dieser Bewegung eine schon große Wirkung zu erzielen, wobei man dann aber erstaunt feststellen mußte, daß das innere Gefühl (das ich zu dem Thema ausdrücken wollte) erst nach einiger Übung wirklich mit der äußeren Wirkung übereinstimmte und sich außerdem jeder Bewegungsansatz ins scheinbar Unendliche steigern ließ. Auch die Arbeit mit dem eigentlich leeren Umraum auf der Bühne ist eine verblüffende Erfahrung ...

Im Gegensatz zum Schauspiel, wo man sich einer Rolle anpaßt und versucht, den Charakter der Rolle auszuarbeiten und zu spielen, sind in den Bewegungen der Eurythmie eigentlich immer alle Charaktere und Temperamente angelegt, so daß sich immer der eigene Charakterzug bei der Handhabung der eurythmischen Bewegungen deutlich zeigt und so jeder seine ganz persönliche Prägung bei der Eurythmie erfährt. Außerdem erlebt man plötzlich, daß man für einen anderen (beispielsweise für den Eurythmielehrer) transparent wird. Es kann von einem anderen gesehen werden, ob man mit der für die Eurythmie wichtigen Mischung aus Konzentration und dennoch Gelockertheit sowie der richtigen Vorstellungskraft bei der Sache ist. Es ist gerade nicht möglich, jemandem etwas vorzuschauspielern und dabei etwas anderes zu denken. Meiner Meinung nach ist „Lügen" in der Eurythmie nicht möglich.

Üben des Dankes für den erwarteten Applaus

In Bewegung?

Gedanken im zweiten Jahrhundert des Automobils

Wer ist auto-mobil? Wer sich selbst bewegt! Wir leben im Jahrhundert des Automobils - aber sind wir selbst auto-mobil? Sind wir nicht Immobilien geworden? Mit Hebeln und Knöpfen setzen wir ungeheure Kräfte in Bewegung, uns selbst bewegen wir innerlich und äußerlich immer weniger.

Im Tanz, in der Eurythmie lebt die Bewegung auf, nutzlose, ziellose Bewegung, die ihren Sinn in sich selber hat - nicht von außen begründet, zwecklos.

Die menschliche Seele wird selber mobil und ergreift die Glieder, die ganze Gestalt. Im Tanz lebt heute eher die Hingabe an den Rhythmus des eigenen Körpers - in der Eurythmie die Hingabe an die Welt, die in allen ihren Eigenschaften zum Erlebnis und damit zum Anlaß innerer und äußerer Bewegung werden kann. So wie die Sprache das menschliche Erleben in differenziertester Weise zum Ausdruck bringt, versucht die Eurythmie, die menschliche Bewegung zum Sprechen zu bringen - oder andersherum: die Sprache wieder Bewegung, Geste werden zu lassen. Der eigene Leib wird so zum Instrument, auf dem die Seele spielen, sich ausdrücken kann.

»Die Sonn' erregt das All,
macht alle Sterne tanzen,
wirst du nicht auch bewegt,
gehörst du nicht zum Ganzen.«
Angelus Silesius

In diesem Sinne versuchen wir, von der 1. bis zur 12. Klasse im Fach Eurythmie Bewegung zu erzeugen.

Reinhard Wedemeier
(Rudolf Steiner Schule)

Bei den Aufführungen jedoch stellte sich mir das Problem, daß ich eher angespannt konzentriert war und das Gefühl hatte, dadurch dem Publikum mit meinen Formen und Bewegungen nur noch einen leeren Abglanz von dem liefern zu können, was ursprünglich gefühlsmäßig dahinter steckte. Entweder läßt sich Eurythmie also nicht gut vor größerem Publikum vorführen, oder aber es bedarf noch längerer Übung und vielleicht Überwindung, sich für so viele Leute durchschaubar zu machen. Auf jeden Fall kann man sich bzw. seinen Körper durch Willensanstrengungen und angespannte Konzentration nicht dazu zwingen, einen guten Ausdruck zu erzielen. Auch bei guter Beherrschung einer Form braucht man immer vorher eine gewisse Zeit, um hineinzufinden und nicht leere Gesten zu machen, sondern mit dem Bewußtsein bis in die letzte Fingerspitze vorgedrungen zu sein. Vielleicht würde ich Eurythmie daher aus meiner eigenen Erfahrung als das bewußte Ergreifen meines Körpers und des Umraumes sowie als Versuch, eine Entsprechung meiner Gefühle mit den Äußerungen meines Körpers bewußt herzustellen, definieren.

Benedikt Doms
(12. Klasse, Rudolf Steiner Schule)

Beim Arbeiten an einem Text suchten wir die Sprachrichtungen und Formen, die Stimmung und die Aussage. Daraus entwickelten wir Bewegungen; zuerst mit oder ohne Kugel, dann ohne jegliche Gegenstände. Dabei nahmen wir verschiedene Bewegungscharaktere wahr, z. B. körpergebundene und raumausfüllende Bewegungen als Gegensätze. So wurde der Text für uns verständlicher. Immer mehr fiel uns auf, daß unsere Gesten, Gebärden, Bewegungen den eurythmischen entsprachen. Wir hatten also durch intensive Eigenarbeit zur Eurythmie gefunden. Und dies hatte Qualität, machte Spaß und gab uns mehr Verständnis für die Eurythmie.

Anna Pfister
(12. Klasse, Rudolf Steiner Schule)

Erüben sozialer Fähigkeiten durch Musik

Mit Recht bezeichnet man die Musik als eine soziale Kunst; der Musik Ausübende sucht letztlich immer den Mitmenschen, als Spieler oder Zuhörer. Zugleich hat die Musik menschheitsverbindende Kraft, wofür es viele höchst eindrucksvolle Beispiele gibt. Aber sie ist noch in anderer Hinsicht eine soziale Kunst, insofern als sie ein Übungsweg sozialer Art ist. Da es sich dabei um eine Kunst handelt, entfällt in gewisser Weise das Moment des Zwanges, an dessen Stelle die Liebe zur Sache treten kann, und die daraus resultierende Freude ist eine impulsierende Kraft.

Die Grundlage jeder musikalischen Betätigung ist das Hören, und im Gegensatz zum Auge, dem dominierenden Sinn unserer Zeit, dem sich

stets nur Oberflächen darbieten, dringt das Hören in die Tiefe und offenbart uns das Wesen der Dinge, der Kreaturen und Menschen. Insofern bildet ein geschultes Hören die Grundlage für das Verständnis des anderen.

Interessant ist in dieser Hinsicht eine noch nicht abgeschlossene Langzeitstudien an Berliner Grundschulen, die von Hans Günther Bastian, dem Direktor des Instituts für Begabungsforschung und Begabtenförderung an der Universität Paderborn, initiiert wurde. Es handelt sich dabei um die Kürzung verschiedener Fächer zugunsten einer Verstärkung und Erweiterung des Musikunterrichts. Darüber heißt es: „Die Zwischenergebnisse deuten auf eine allgemeine Förderung der Intelligenzfähigkeiten, eine Stärkung der emotionalen Sensibilität und vor allem eine Förderung der Sozialkompetenz: Kontaktbereitschaft und -freude werden gefördert, das Gefühl wechselseitiger Verantwortung wird unterstützt. In den musikbetonten Schulen gibt es weniger häufig völlig ausgegrenzte Schüler." (»Erziehungskunst«, Mai 1998, S. 594f)

In diesem Zusammenhang ist auch eine eindrucksvolle Begebenheit erwähnenswert, die Bruno Walter, einer der bedeutendsten Dirigenten des 20. Jahrhunderts, in einem 1935 in München gehaltenem Vortrag mitteilt, der den Titel trägt »Von den moralischen Kräften der Musik« (Ogham Verlag Stuttgart, S.35 f). Er berichtet dort von einem Kollegen, der in einem Zuchthaus in den USA Sträflinge im Chorgesang unterrichtete. Es heißt dort: „Der Erfolg seiner durch mehrere Jahre fortgesetzten Bemühungen war überwältigend: das persönliche Verhalten der Sträflinge änderte sich von Grund auf; nicht nur, daß während des Unterrichts ihre Freude, ihre Beglücktheit zu Tage trat, auch sonst war eine erstaunliche Milderung der harten und schwierigen Menschen in ihrem Verhalten gegen die Vorgesetzten, wie untereinander, zu beobachten." Soweit sich das verfolgen ließ, ist auch keiner der Sträflinge nach der Entlassung wieder rückfällig geworden.

Musik ist also ein wichtiges Übungsfeld zur Entwicklung sozialer Fähigkeiten, und dieses Motiv, das mit dem rein Künstlerischen untrennbar verbunden ist. wenn man in der rechten Weise Musik betreibt, war von Anfang an von zentraler Bedeutung für den Musikunterricht an den Waldorfschulen, der alle Klassenstufen durchzieht.

Das gemeinsame Singen

In den ersten Klassen, bevor die Kinder das neunte Lebensjahr erreicht haben, wird ausschließlich gesungen, wie es dem Lebens- und Weltempfinden der Kinder gemäß ist, die sich in gewisser Weise noch eins mit der sie umgebenden Welt fühlen. Aber auch dabei machen die Kinder bereits ganz wichtige soziale Erfahrungen: Sie fühlen sich eingebunden

Es gilt nicht nur die eigene Stimme durch zu tragen, sondern die andere gleichzeitig mitzuhören und sich in den Gesamtzusammenhang in rechter Weise einzuordnen.

in einen sie tragenden und stützenden einheitlichen musikalischen Strom, der von der ganzen Klasse gebildet wird und die Gemeinschaft stärkt. Manche dürften überhaupt noch nicht in der Lage sein, das betreffende Lied allein zu singen; darüber hinaus klingt es im Chor voller, runder, kräftiger und schöner. Das vokale und auch instrumentale Musizieren (auf der Flöte, Kinderharfe und Kantele) ist zugleich ein fester Bestandteil des sogenannten rhythmischen Teils, mit dem der Unterricht jeden Morgen beginnt und der - aufgrund der harmonisierenden und gemeinschaftsbildenden Wirkung - eine wichtige Grundlage für den weiteren schulischen Unterricht ist.

Zu Anfang des neunten Lebensjahres tritt das Kind in eine neue Phase seiner Entwicklung: Es unterscheidet fortan deutlich zwischen dem eigenen Selbst und der Welt, zwischen Subjekt und Objekt. Die pädagogische Aufgabe besteht nun darin, Ich und Welt, wozu insbesondere die Gemeinschaft der anderen Menschen gehört, in ein rechtes Verhältnis zu set-

zen. Dabei geht es also um das Kernproblem sozialen Verhaltens schlechthin. Das nun einsetzende mehrstimmige Singen kann diesbezüglich eine ganz besondere Hilfe sein und zu einem ausgesprochen sozialen Übungsfeld werden. Es gilt nun die eigene Stimme mit einer anderen (später dann auch mit mehreren) in Übereinstimmung zu bringen, und zwar bezüglich Rhythmus, Tempo, Intonation, Harmonik, Lautstärke, wobei Haupt- und Nebenstimmen aufeinander abzustimmen sind. In diesem Zusammenhang können Kinder die Beobachtung machen, daß ein lautes Singen der eigenen Stim-

muß es, wenn dieser Vorgang gelingen soll, mit der ganzen Kraft seiner Wahrnehmung zuvor in dem gestaltenden Prozeß des anderen gelebt haben.

me, mit der die andere übertönt wird, oftmals nur Ausdruck der eigenen Unsicherheit ist. Es gilt also nicht nur die eigene Stimme durchzutragen, sondern die andere gleichzeitig mitzuhören und sich in den Gesamtzusammenhang in rechter Weise einzuordnen; denn nur dadurch wird man dem wenn auch zunächst nur kleinem Kunstwerke gerecht. Diesbezüglich „ist des Übens kein Ende" (Schumann).

Die Orchesterarbeit

Für die Orchesterarbeit gilt im Grunde genommen das gleiche; nur sind die Verhältnisse hier differenzierter und komplexer; das heißt aber auch, daß der erzielte Gewinn noch größer sein kann. Die Probleme beginnen bereits bei der Frage der Besetzung. Es können nicht alle die 1. Violine spielen, die die gefragteste Aufgabe ist; auch für die Begleitstimmen braucht man Spieler, und zwar auch

gute. Diese erleben bald, wie wichtig ihre dienende Funktion ist und ein waches und aufmerksames Spiel; denn erst auf dieser Grundlage vermag die Hauptstimme sich voll zu entfalten. Jede Stimme sollte die andere mit im Bewußtsein haben, sie kann ihre Aufgabe letztlich nur aus der Kenntnis des Ganzen voll erfüllen. Das ist das A und O des Ensemblespiels.

Im Schulorchester hat man es mit Spielern zu tun, deren Leistungsvermögen erheblich differiert. Wenn die Schwächeren aber akzeptiert und mitgetragen werden, vermögen sie weit über sich hinauszuwachsen. Viel schwieriger ist es, solche Schüler zu integrieren, die nicht vorbereitet und lustlos sind und dadurch die gemeinsame Arbeit behindern. Hier gilt es die Verantwortung für die gemeinsame Sache zu wecken.

Das große Symphonieorchester - mit den Gruppen der Streicher, der Holz- und Blechbläser und dem Schlagwerk - kann mit Recht in Beziehung zu den in Kopf-, Brust- und Gliedmaßenorganisation gegliederten Menschen gesetzt werden, die in rechter Weise zusammenwirken müssen. Zugleich ist das Symphonieorchester mit seinem Reichtum an Klangfarben und seinen dramatischen Möglichkeiten aber auch ein Bild für die gesamte Menschheit. So wie jeder Spieler und auch jede Instrumentalgruppe nur Teil eines Ganzen, des großen Orchesters, ist, jeder aber zugleich eine unverzichtbare Aufgabe in diesem Zusammenhang hat, so ist auch jeder Mensch, jede Gemeinschaft, jedes Volk eine unverzichtbare Stimme im großen Gefüge der Menschheitssymphonie. Entscheidend für das Ergebnis ist in beiden Fällen die richtige Einordnung und der Zusammenschluß aller Kräfte in den Gesamtzusammenhang, was in der Musik nicht nur Aufgabe des Dirigenten ist, sondern eines jeden Einzelnen. So ist das Ganze stets mehr als die Summe der Teile. Dieser Vorgang, alle Elemente gleichsam alchemistisch zu einem einheitlichen Ganzen zusammenzuschließen - das ist „harmonia" in der ursprünglichen Bedeutung seines Wortes; in der abendländischen Musik ist dieser Begriff verengt worden auf den Zusammenklang der einzelnen Töne.

Die Improvisation

Die höchste Anforderung bezüglich der gegenseitigen Wahrnehmung stellt sich bei der Gruppenimprovisation. Wenn beispielsweise ein Spieler das Motiv oder Thema eines anderen aufgreift, indem er es über-

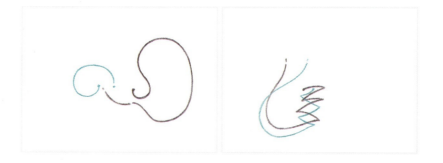

nimmt, fortführt oder abwandelt, muß er, wenn dieser Vorgang gelingen soll, mit der ganzen Kraft seiner Wahrnehmung zuvor in dem gestaltenden Prozeß des anderen gelebt haben. Andererseits muß der erste Spieler bewußt darauf hinwirken, daß der andere auch die Führung übernehmen kann. So entsteht durch das gegenseitige Geben und Nehmen ein echter, beide bereichernder Dialog, der ein beglückendes Erlebnis sein kann. Eine solche Übung, auch wenn sie nur partiell gelingt, ist in ihrem erzieherischen Wert gar nicht hoch genug zu veranschlagen.

Grundsätzlich gilt: Wenn die Einordnung aller Teile bei Wahrung ihrer spezifischen Merkmale gelingt, dann erst vermag das musikalische Kunstwerk sich in seinem Sinngehalt zu offenbaren, und das ist etwas tief Beglückendes für alle, die daran aktiv oder passiv (als Zuhörer) beteiligt sind. In einem solchen Moment, wo Harmonia anwesend ist, weist das Kunstwerk über sich hinaus. Auf dieses Geheimnis deutet Igor Strawinsky am Schluß seiner »Musikalischen Poetik« mit folgenden Worten hin: „Die Musik ist das Einigende... Das fertiggestellte Werk verbreitet sich, um sich mitzuteilen, und fließt endlich wieder in sein Urprinzip zurück. Und deshalb erscheint uns die Musik als ein Element, das eine Vereinigung mit unserem Nächsten schafft - und mit dem höchsten Wesen".

Franz Halberschmidt (Rudolf Steiner Schule)

Oben: Stella und Julia bei ihrer Brahms-Generalprobe

Hier endet die Folge der Eurythmieformen

Der kleine Trompeter

Auch wenn mein Klassenlehrer Wolfgang Holz mich durch seinen Geschichts- und Deutschunterricht auf den Lebensweg zum Historiker und zum Verlagslektor geführt hat: Den größten Sprung in meiner Entwicklung verdanke ich Karl-Heinz-Marks, unserem geliebten Musiklehrer, der so voll von Liebe steckte für alle seine Schüler. Als ich 12 war, in der 6. Klasse, war ich noch immer das vollkommen verängstigte Kind, als das man mich eingeschult hatte. Noch immer war ich gehemmt, wenn es galt, mit lauter Stimme etwas zum Unterricht beizutragen - obwohl ich doch meine Klassenkameraden seit sechs Jahren kannte. Deshalb schüttelte alle Welt den Kopf, als Herr Marks mich eines Tages in der großen Pause an der Schulter nahm, mich mit seinem großen, herzlichen Lächeln ansah und sagte: „Der Oliver Thomas sollte Trompete spielen". Trompete?! Und das mir, der ich nicht einmal einen Satz herausbrachte ohne rot zu werden?! Die ersten beiden Jahre im Schulorchester simulierte ich nur. Die Vorstellung, einen lauten, womöglich falschen Ton hervorzubringen, verstopften das Instrument und meine Kehle.

Herr Marks muß es gewußt haben - aber er sprach mich nie darauf an, sondern vertraute darauf, daß mein Selbstbewußtsein einmal erwachen würde. Und irgendwann verließ der erste Trompeter, hinter dessen breiten Schultern ich mich immer versteckt hatte, die Schule. Jetzt war klar: Wenn ich nicht tutete, tat es niemand. Das konnte ich Franz Schubert nicht antun. Also tutete ich. Erst leise, dann lauter und selbstbewußter. Und ich tutete nicht nur - ich begann auch, freier zu reden. Zuerst im Klassenraum, später sogar als Vertreter der Schülerschaft vor einer Festversammlung.

Das ist genau 20 Jahre her - die Berliner Waldorfschulen wurden damals 50 Jahre alt. Der Knoten war geplatzt. Dafür bin ich Karl-Heinz Marks bis heute dankbar.

Oliver Thomas Domzalski

Erde, Wasser, Luft und Feuer:
Die vier Elemente in der Töpferepoche der 9. Klasse

„Die Keramik ist die Verbindung der Erde mit dem Feuer, nichts anderes. Wenn ihr dem Feuer etwas Gutes übergebt, wird es euch ein wenig davon zurückgeben; aber wenn es schlecht ist, zerbricht alles, und es wird nichts bleiben. Es ist nichts zu machen, das Urteil des Feuers ist mitleidslos." (Marc Chagall)

Rudolf Steiner wollte, daß das unmittelbare Leben den Schülern nahegebracht wird. Die Auseinandersetzung mit den Urhandwerken der Menschheit bildet eine wesentliche Grundlage für das praktische Verstehen und „Begreifen" der Welt.

Durch eine einführende Materialkunde bekommen die Schüler eine solide handwerkliche Einstimmung und eine motivierende Grundlage für ihre ersten Arbeitsschritte. Tone sind Verwitterungsprodukte des Feldspats. Deshalb wird der Feldspat als Muttergestein der Tone bezeichnet. Ist der Feldspat verunreinigt z.B. durch Eisenoxyd, Glimmer oder Kalk, so entstehen daraus die gewöhnlichen rot- oder gelbbrennenden Tone; ist der Feldspat rein, so verwittert er zu weißbrennendem Kaolin (Porzellanerde). Die Tone bilden einen wesentlichen Bestandteil unserer Erdoberfläche und werden am Ort ihrer Entstehung im Urgebirge oder in abgelagerten Schichten in Mulden und Flußufern gefunden.

Das Wasser macht den Ton plastisch. Für die Schüler ist die Tonmasse fertig aufbereitet. Um sie verarbeiten zu können, muß sie lediglich gründlich durchgeknetet werden, um das Material zähflüssig zu machen.

schen hat. Das Aufrichten der Form aus einem feuchten Klumpen Ton kann eine Beziehung zur inneren Aufrichtekraft des Neuntklässlers bekommen. Hilfreich bei der Formfindung ist die Proportionslehre und das Betrachten einfacher Gebrauchskeramiken der Menschen alter, längstvergangener Kulturen. Der Wert von Gebrauchskunst aus dem Volke besteht darin, daß sie einfach und anspruchslos ist. Gerade das wahrhaft Schöne ist oft zurückhaltend und anspruchslos. Dauerhafte Formen atmen

Wenn die Schüler nun ihren gekneteten Klumpen Ton in beiden Händen halten, wird zuerst eine ebenmäßige Kugel geformt, möglichst mit geschlossenen Augen, um das Bewußtsein auf die Tasteindrücke zu konzentrieren. Nachdem die Kugel geformt ist, wird mit beiden Daumen eine Vertiefung in die Mitte gedrückt, welche durch gleichmäßiges Drehen der Finger von außen verstärkt wird. Dabei drängen die Daumenspitzen von innen gegen die Handflächen. Durch ständiges Weiterdrehen und ansteigenden Druck von innen entsteht allmählich ein Hohlraum, eine sich öffnende Schale. Luft als Element kennt keine Grenzen. Die (fast) unbegrenzten Gestaltungsmöglichkeiten der Form haben etwas von dieser Qualität.

Die Gestaltungsmöglichkeiten der Form werden nun im Unterricht besprochen. Der Zweck eines Gefäßes soll für seine Form bestimmend sein. Die Bezeichnung für die einzelnen Teile eines Gefäßes wie Bauch, Schulter, Kragen und Hals sind alle der menschlichen Gestalt entlehnt und weisen darauf hin, daß das Töpfern einen direkten Bezug zum Men-

ruhige Sicherheit aus. Übertreibung ist schädlicher als Untertreibung.

Nachdem die Keramiken getrocknet sind, werden sie gebrannt und glasiert. Für die Schüler ist es ein Erlebnis, wie die Glasur die Schönheit des Gefäßes vervollkommnen kann. Wenn das Gefäß noch einmal bei über 1000 Grad gebrannt ist, kann es vom Schüler zum Gebrauch freudig mit nach Hause genommen werden.

Sibylle Rudolf
(Freie Waldorfschule Kreuzberg)

Handarbeit ist Arbeit am Geiste

Es ist immer wieder eine Freude, zu sehen, wie die Kinder in den Handarbeitsraum stürmen und mit der Arbeit beginnen wollen. Mit großen Augen schauen sie auf die vielen verschiedenen Materialien; sie tasten und fühlen, sie streicheln und greifen und „begreifen" so allmählich. Besonders bei den farbigen Strickgarnen verweilen sie lange, überlegen und prüfen, wägen ab, welcher der schönen, unterschiedlichen Farbtöne zu ihrer Arbeit paßt. Sie gestalten ihre eigene Arbeit in Entwurf und Ausführung selbst. Helfend greift der Lehrer ein, wo immer

es nötig ist, und gerne wird der Rat angenommen.

Die Fingergeschicklichkeit ist die Voraussetzung zur Gedankenbildung und kann nicht früh genug geübt werden. Moderne Forschungen haben festgestellt, daß der Stand der Sprachentwicklung immer in direktem Verhältnis zur Feinmotorik der Finger steht. Wer seine Finger ordentlich zu bewegen weiß, hat die besten Voraussetzungen zur Ausbildung von Intellekt und Urteilsfähigkeit: das formulierte schon Rudolf Steiner zu Beginn dieses Jahrhunderts. Somit ist Handarbeitsunterricht Arbeit am Geiste.

Da das Fach Werken wegen der Fingerknochenentwicklung erst im vierten bzw. fünften Schuljahr einsetzt, ist die Handarbeit das einzige Fach in den ersten Schuljahren, das primär Fingerfertigkeiten vermittelt. Nach ihrem Lieblingsfach befragt, geben Zweitklässler meist das Fach Handarbeit an. Jungen und Mädchen sind gleichermaßen traurig, wenn die Handarbeitsstunde z.B. wegen eines freien Samstags ausfällt. Nach den Ferien kam ein Mädchen der zweiten Klasse zu mir, schaute mich vorwurfsvoll an und sagte: „Ich hatte meinen Handarbeitsbeutel vergessen mitzunehmen, nun mußte ich mich die ganzen Ferien langweilen!"

In den Worten von Hedwig Hauck, Handarbeitslehrerin an der ersten Waldorfschule: „Kinder, die in der Jugend lernen, mit der Hand in sinngemäßer Weise künstlerisch-nützliche Dinge für andere Menschen und für sich selbst zu bilden, werden auch als Erwachsene dem Menschen und dem Leben nicht fremd gegenüberstehen. Sie werden in sozialer und künstlerischer Weise das Dasein, das Zusammenleben mit Menschen fruchtbar zu gestalten und zu bereichern wissen".

Verena Simon (Rudolf Steiner Schule)

Mein Lieblingsfach ist Turnen. Da spielen wir viele Spiele. Zum Beispiel: Ochs am Berg. Das geht so: einer ist der Ochse, der stellt sich an die Wand, dann sagt er: Ochs am Berg. In der Zeit gehen die Kinder los und wenn der Ochse: Berg sagt, dann müssen alle Kinder stehen bleiben und wenn ein Kind wackelt oder weiter läuft, dann muß es zurück gehen wo es angefangen hat. Und das Kind, das als Erstes an der Wand war, das ist dann der Ochse. Und dann fängt alles wieder von vorne an.

Hanah

Gehören Computer in die Grundschule?

Aus einer Diskussion auf der Interschul-Messe Berlin 1997 im Multimedia Forum mit:
- Prof. Dr. Joseph Weizenbaum (M.I.T., Cambridge, Mass.)
- Prof. Dr. Ernst Schuberth (Freie Hochschule für anthroposophische Pädagogik, Mannheim)
- Prof. Dr. Peter Struck (Fachbereich Erziehungswissenschaft, Universität Hamburg)

Moderator: Ich begrüße Sie alle sehr herzlich zu der Diskussion: „Gehören Computer in die Grundschule?". Ich denke, auf dieser Messe, bei der sehr viel über Computer und Multimedia gesprochen wird und angeboten wird, ist das eine der wenigen Veranstaltungen, bei der ein Fragezeichen hinter dem Wort Computer steht.

Herr Struck: International gesehen spielt der Lerncomputer in den Schulen unter vergleichbaren Ländern mit einer vergleichbaren Wirtschaftskraft eine größere Rolle als in Deutschland. Es gibt eine Studie aus den Niederlanden, die besagt, daß Kinder, wenn sie vor dem Computer lernen, in wesentlich kürzerer Zeit wesentlich mehr lernen, das dann auch noch wesentlich länger im Hirn haften bleibt. Wir ahnen schon, wenn man einen Heinz Sielmann-Film über den Dachs in der Grundschule zeigt oder den sogar über Internet aus der Landesbildstelle abrufen kann, daß der Dachs sehr lebensnah rüberkommt, unter Tage gezeigt werden kann, wie er Würmer frißt, wie er seine Jungen zur Welt bringt usw., man kann ihn fast riechen und schmecken. Und das ist schon eine andere Qualität, als wenn der Lehrer nur etwas über den Dachs erzählt.

Kinder lernen besser, wenn sie selbst lernen, anstatt belehrt zu werden, sie lernen besser, wenn sie beim Lernen handeln dürfen, und sie lernen am besten, wenn sie zu zweit vor einem Problem sitzen. Besser als wenn sie allein davor sitzen, besser aber auch, als wenn sie mit einer großen Gruppe, also z.B. mit einer Klasse, davor sitzen. Wir müssen also Schule umbauen entsprechend unserer demokratischen wertepluralistischen Gesellschaft von einer Belehrungsanstalt zu einer Lernwerkstatt, damit Kinder mehr lernen.

Und wenn dann der Computer ein Medium ist, bei dem Grundschüler schneller Lesen, Schreiben und Rechnen lernen, und das länger haften bleibt, aber auch anderes lernen, und wenn dann die Grundschule eine Schule sein wird, in der der Computer einerseits in kürzerer Zeit etwas mehr im herkömmlichen Lernen zustande bringt, dann muß das Gegengewicht gleichzeitig gestaltet werden, das Gegengewicht, was wir z.B. von den Waldorfschulen her kennen, mehr Musisches, mehr Soziales, mehr Kreatives, mehr Muße, mehr Entspannung, mehr leibliche Versorgung.

Die herkömmliche Arbeitsteilung, die Familie erzieht und die Schule bildet, funktioniert bei immer mehr Kindern nicht mehr. Und wenn wir bei diesem Anteil von 40% der deutschen Kinder, wo das mit der Erziehung zuhause irgendwie nicht mehr richtig funktioniert, dafür sorgen, daß Lernen in einen erzieherischen Rahmen eingebettet wird, dann machen wir eine zeitgemäße Schule. Die muß aber eine Lernwerkstatt sein, und die muß versuchen, Zeit zu gewinnen für dieses Mehr an Erzieherischem, indem sie das Herkömmliche, z.B. über den Computer, effektiver macht.

Moderator: Vielen Dank Herr Struck. Das war ein differenziertes Plädoyer für den Computer in der Grundschule. Herr Weizenbaum, sehen Sie das auch so?

Herr Weizenbaum: Die kurze Antwort zu Ihrer Frage und auch zu der Frage, die auf dem Programm steht: Hat der Computer eine Funktion in der Grundschule? - zu beiden Fragen ist die einfache Antwort: nein.

Ich könnte damit aufhören, aber ich will doch noch ein paar Sachen sagen. Ich gehe aus von der amerikanischen Situation. Unsere Schule allgemein ist eine Katastrophe, das erkennt fast jeder heute. Unsere Regierung gibt eine Statistik heraus, daß ein Drittel unserer Jugend funktional analphabetisch ist, d.h., sie können vielleicht ein Comicbuch lesen, und sie können ihren Namen schreiben und Straßenschilder lesen, aber richtig lesen und ganz besonders richtig schreiben, und ich möchte noch hinzufügen, richtig sprechen, also irgendeine Idee auszusprechen, zu erklären, können sie nicht. Das ist ein Drittel unserer Jugend. Da kommt dann die Antwort in Amerika, und ich glaube das fängt hier jetzt auch an: wir müssen die Schulen mit Computern vollstopfen, damit die Kinder besser lesen und rechnen lernen. Da kann man die Frage stellen: Funktioniert das überhaupt? Ich glaube nicht, aber ich glaube auch, daß das die falsche Frage ist. Man sollte fragen: Warum können die Kinder in der Schule nicht lesen lernen? Wir haben diese Art, Probleme zu behandeln, ich meine ganz allgemein, daß wir ein Problem *technologisieren*. D.h., wir machen ein technisches Problem aus dem Problem, das vielleicht sozial ist oder psychologisch usw., und dann wenden wir die technischen Instrumente, die wir haben, an. Und so ist das mit der Schule. Wir schmeißen Computer rein, und dann können die Eltern und die Regierung ruhig schlafen, denn jetzt machen wir endlich etwas. Aber ein Fakt dieses Zustands ist, daß die wesentlichen Fragen verdrängt werden.

Man könnte z.B. fragen: Warum kann Johnny nicht in der Schule lesen lernen? Und wenn man ernst versucht, ich spreche wieder einmal vom amerikanischen Standpunkt, wenn man irgendwie einmal diese Frage richtig verfolgt, kommt man zu solchen Einsichten, daß Johnny Angst in der Schule hat. Da

wird geprügelt, da werden Kinder erschossen - ich spreche jetzt von Amerika. Also Johnny hat Angst. Und mit solch einer Angst kann er sehr schwer lernen. Die Lehrerin oder der Lehrer haben auch Angst. - Oder Johnny hat Hunger. Dann sollte man fragen: Wie kommt das, daß Johnny Hunger hat? Wir hatten doch diese Schulprogramme, wo Kinder etwas zu essen bekamen? Dafür haben wir aber das Geld nicht mehr. Wo ist denn das Geld? Und dann kommt man zu politischen Fragen. Und da ist die Lösung, einfach einen Computer in die Schule reinzuschmeißen, eine Ausrede, damit diese wesentlichen Fragen überhaupt nicht behandelt werden müssen, daß sie verdrängt werden.

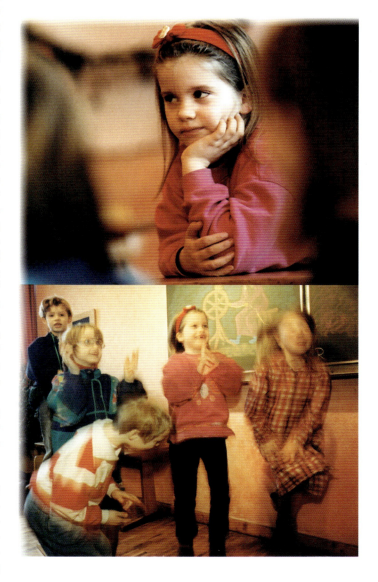

Ich glaube, man muß anfangen, man muß wirklich anfangen, bevor man den Computer einsetzt, mit der Frage: Was ist überhaupt die Aufgabe der Grundschule? Und das bedeutet, Prioritäten zu setzen. Das Budget der Schule, ich meine jetzt nicht nur das finanzielle Budget, ich meine auch das Zeitbudget, das ist doch endlich. Man kann nicht einfach beliebig etwas neu reinschmeißen, ohne daß man etwas rausschmeißt. Und da muß man sich fragen: Hat der Computer eine höhere Priorität als, sagen wir einmal, die Bibliothek? Und wenn man so eine Liste hat, was überhaupt die Aufgabe der Schule ist, was Prioritäten sind, dann, würde ich sagen, dann wird man ganz klar sehen, daß der Computer *nicht* eine hohe Priorität, ich würde sogar sagen, eine ganz niedrige Priorität in der Grundschule hat. Das ist vielleicht ganz anders für das Gymnasium, das ist bestimmt ganz anders für die Universität, aber in der Grundschule hat der Computer aus meiner Sicht keine Rolle zu spielen.

Moderator: Vielen Dank, Herr Weizenbaum. Herr Schuberth, haben Sie eine dritte Variante zu diesem Thema zu bieten?

Herr Schuberth: Ich möchte zunächst an Herrn Struck anschließen. Er hat den Dachs erwähnt, der aus dem Internet gezogen werden kann und dann brav unter der Erde wühlt und scheinbar zeigt, was er alles kann. Wenn man das in Gegensatz stellt zu dem, was ein guter Lehrer in seiner Schilderung geben kann, der also schildert, wie vielleicht bei Tagesanbruch das Tier aus der Höhle herauskommt, sich reinigt, etwas herumläuft, dann vielleicht mit den Jungen spielt, dann wird sofort offensichtlich, daß hier eine Grundentscheidung gefällt wird, nämlich: Was will ich eigentlich dem Kinde beibringen? Soll es Bilder aufnehmen, die technisch aufbereitet sind und von einer nicht mehr sichtbaren Autorität in den Computer eingeschleust wurden? Denn nicht der Computer oder das Fernsehen sind die Autorität, sondern die Leute, die das gestalten. Und die werden meistens vergessen, es wird eine an-

onyme Autorität aufgebaut. Und was nehme ich dem Kind? Ich nehme dem Kind die Anstrengung, die innere Tätigkeit, Bilder zu erzeugen.

Brauchen wir diese innere Tätigkeit? Herr Weizenbaum ist eingegangen auf die Situation in amerikanischen Schulhöfen, und Sie wissen, auch in Deutschland ist das Problem Gewalt inzwischen großgeschrieben. Was fehlt denn den Menschen? Es fehlt doch nicht die Information, mit der wir überschwemmt sind, sondern es fehlt die Fähigkeit, innere moralische Qualitäten zu entwickeln. Und das entwickeln wir weiß Gott nicht an Fernsehbildern, sondern an der Begegnung von Mensch und Mensch. Und deswegen plädiere ich entschieden für den geschilderten Dachs, für den beschriebenen Dachs, bei dem das Kind seine Bilder sich *selber* erzeugen kann, sich erzeugen muß, und seelisch in das einsteigt, was ihm ein anderer Mensch und nicht eine Maschine anbietet.

Aber was ist überhaupt die Aufgabe der Grundschule? Wenn wir Raum für Computer in der Grundschule bereitstellen, das sagte Herr Weizenbaum gerade schon, müssen wir anderes streichen. Und ich glaube, daß die ganze Argumentation für oder gegen Computer in der Schule überhaupt, aber speziell in der Grundschule, nur geführt werden kann, wenn wir uns klar werden, was wir eigentlich tun müssen. Durch die Medien ist es doch klar, daß das Kind diese Überfütterung mit Informationen hat und ein Defizit an Eigentätigkeit entwickelt. Was muß das Kind eigentlich entwickeln in diesem Alter?

Das erste ist eine gesunde Motorik. Es muß sich bewegen lernen, es muß primäre Sinneserfahrungen machen, es muß sozusagen in seinen eigenen Leib sich einhausen. Das zweite, und das ist in Amerika schon fast katastrophal geworden, Herr Weizenbaum hat es angesprochen - wenn Sie den Regierungsbericht von Bush, dem damaligen Präsidenten, lesen, über das Programm „America 2000", sehen Sie diese Probleme alle benannt -: Sprache steht nicht mehr zur Verfügung. Sie kennen vielleicht den Titel „Die Pistole ist die Sprache der Sprachlosen", d.h., Gewalt setzt dort ein, wo Sprache nicht mehr zur Verfügung steht. Und wir wissen - das ist untersucht worden - *Sprache wird nicht von Medien gelernt.* Sprache wird gelernt von dem *Menschen*, der mit mir spricht. Berühmt ist die Geschichte des Kindes, das stumme Eltern hat

Der Tintenfisch, 4. Klasse

und dem man viel Fernsehen zeigt, damit es jetzt vom Fernsehen Sprache lernt. Es lernt eben *nicht*, denn Sprache wird vom anderen Menschen aufgenommen. Das ist das zweite.

Das dritte sind die schon erwähnten Hirnstrukturen, d.h., das Kind muß denken lernen, und dieses Denken ist doch nicht ein Reproduzieren von Wissen. Und da liegt mein großes Fragezeichen an diejenigen, die jetzt solche Programme für Computer in der Grundschule machen: Ist ihnen eigentlich klar, was der *Lernprozeß* ist? Verstehe ich Lernen als Informationsübermittlung, oder verstehe ich Lernen als Fähigkeitsentwicklung? Wenn ich das Kind auf ein Verhalten dressiere, daß es Technik beherrschen kann, dann werde ich jemanden bekommen, der das genau tut, was die Menschen, die diese Programme gestalten, erzielen wollen. Ich werde aber nicht einen Menschen erziehen, der selbstbestimmt Neues entwickelt, aus sich heraus, aus primären Erfahrungen. Und deswegen mein ganz entschiedenes Votum: Computer gehören nicht in die Grundschule. Sie gehören vielleicht in die Verwaltung der Grundschule, um Stundenpläne zu machen, sie gehören in den Hintergrund. Ich spreche nicht gegen Computer im allgemeinen, aber sie gehören nicht in den Klassenraum. In den Klassenraum gehören Menschen, die mit Kindern umgehen können, die offen für Kinder sind, die individuell Kinder sehen können, die Kinder zu Eigentätigkeit anregen können, die sprechen können, die Sprache der Kinder entwickeln können.

Wir haben in der Freien Hochschule für Anthroposophische Pädagogik in Mannheim eine Abteilung Sozialarbeit, wo wir zusammen mit der Stadt Mannheim Kinder betreuen, deren soziologische Gruppe bis dahin zu 40% Sonderschüler stellte. Das war, was die Stadt uns vorgab

als Gruppe. Aus der Arbeit an Bewegung, an Sprache, im Vorschulalter, dann schulbegleitend, nicht an Waldorfschulen, sondern an staatlichen Schulen, haben wir diese Quote praktisch auf Null herunterbekommen, in jetzt inzwischen 15 bis 16 Jahren. Das ist nur zu erreichen, wenn man nicht das Kind auf eine Maschine dressiert, sondern wenn man das Kind, seinen Leib, seine Seele und sein Geistiges, wirklich anschaut und an ihm arbeitet.

Also noch einmal: Ich votiere entschieden gegen den Einsatz von Computern in der Grundschule, gerade wegen der Medien, die das Kind im außerschulischen Bereich überschwemmen, um ihm dort die Chance zu geben, sich wirklich in sich selber, in seinem Leib, einzuhausen, Primärerfahrungen zu machen, Sprache zu entwickeln, kreativ schöpferisch tätig zu sein im künstlerischen Prozeß, und nicht durch das Medium Bildschirm von der Wirklichkeit abgetrennt zu werden.

Es ist pädagogisch nicht so entscheidend, einen Computer zu beherrschen; wichtiger ist zu lernen, vom Computer nicht beherrscht zu werden.

Im Computerraum der Rudolf Steiner Schule

Computer
in der Oberstufe

Sind Waldorfschüler hinter dem Mond, wenn es um Computer geht?

»Protos« wird zunächst per Handsteuerung bewegt, danach fährt es selbsttätig genau zum Ausgangspunkt zurück. »Protos« ist Arbeitsergebnis der Wahlpflichtgruppe Computertechnologie der 12. Klasse in der Waldorfschule im Märkischen Viertel Berlin: ein von Schülern angefertigtes, über einen Mikrocomputer gesteuertes kleines Fahrzeug. Ab der 9. Klasse haben diese Schüler am Computertechnologie-Unterricht teilgenommen, und dort das, was verstanden werden soll, mit eigenen Händen gebaut.

Der Unterricht wächst mit der Schule: so wie die Einplatinen-Mikrocomputer in Arbeitsgemeinschaften früherer Jahre entstanden sind, so soll auch »Protos«, jeweils aufbauend auf Vorjahresarbeitsleistungen, zu einer komplexeren Maschine weiterentwickelt werden.

Wenn es nach den Wünschen der SchülerInnen ginge, sollte »Protos« einmal zu einem selbststeuernden Roboter-Fahrzeug entwickelt werden, das zu Forschungszwecken auf dem Mond herumfährt. Das zumindest haben sie auf ihrem Poster zur Präsentation dieses Projektes dargestellt. Von einem Standpunkt „hinter dem Mond" wäre dies dann ein äußerst interessanter Anblick!

Michael Prosch (Freie Waldorfschule Märkisches Viertel)

Auf der Interschul '97
mit Frau Senatorin Stahmer

Gartenbau? Das kann doch jeder!

Nur in diesem Fach erlebt der Schüler, daß während seiner Abwesenheit an seinem „Werkstück" unsichtbare Kräfte wirken. Im Garten sind wir Menschen nicht nur Akteure, sondern auch Diener. Selten arbeiten wir unmittelbar an der Pflanze, wie beim Aussäen, Umpflanzen, Baum- und Strauchschnitt oder beim Veredeln. Weitaus mehr Zeit müssen wir aufwenden, um Bedingungen zu schaffen, daß Kulturpflanzen wachsen können.

Bei allen Pflegearbeiten zeigt sich, daß wir in einem Zusammenhang eingebettet sind, den wir keinesfalls außer acht lassen können: die Zeit. Es ist nicht gleichgültig, wann welche Arbeit verrichtet wird. *„Vergeudete Zeit" kann nicht wieder aufgeholt werden*; denn die Sonne geht ihren Lauf, die Jahreszeiten mit ihren spezifischen Licht- und Wärmeverhältnissen wechseln in festgelegter Reihenfolge; das Pflanzenwachstum ist davon abhängig.

Wie abhängig wir im Garten von unserer Umwelt sind, zeigt uns die aktuelle Wettersituation vor allem bei extremen Witterungsverhältnissen. Wenn z. B. im April der Boden noch hart gefroren ist, können wir nichts anderes tun als warten, bis er aufgetaut ist, um unsere Beete zu bestellen. Oder: Anhaltende Regenfälle verbieten uns, das Land zu betreten, weil wir durch unser Gewicht die Bodenporen zusammendrücken und dem Boden dadurch mehr schaden, als wir durch unsere vermeintlich unaufschiebbare Arbeit nützen würden.

Die anstehenden Pflegemaßnahmen bereiten nicht nur Freude, sie können auch anstrengend oder eintönig sein. Oft genug wird unsere Geduld auf eine harte Probe gestellt, wenn wir abwarten müssen, bis der Erntezeitpunkt herangerückt ist. Nach getaner Arbeit in und an der Natur fühlen wir uns jedoch mit der Welt besser im Einklang als zuvor.

Darum haben wir Gartenbau.

Heidemarie Pachali (Emil Molt Schule)

Zum Ökologieunterricht   oder: Warum muß es Projektunterricht geben?

Experiment: Stellen Sie eine Topfpflanze an eine stark befahrene Kreuzung, und beobachten Sie, wie sie sich mit der Zeit verändert!
Beobachtung: Die Pflanze geht ein.
Ergebnis: Autoabgase führen zum Absterben der Pflanzen.
Logische Konsequenz: Sie schaffen Ihr Auto ab.

Sie sträuben sich gegen diesen letzten Schritt? Sie führen alle möglichen Fakten an, die es unvermeidbar erscheinen lassen, daß Sie ein eigenes Auto benötigen? Sie wissen genau, daß ein Leben ohne Pflanzen auf der Erde nicht möglich ist, daß es den kollektiven Erstikkungstod bedeutet. Das haben Sie in aller wissenschaftlichen Genauigkeit in der Schule gelernt! Und warum handeln Sie nicht entsprechend?

Ich verbinde mich emotional kaum mit einer sterbenden Pflanze in der Straßenwüste. Positive emotionale Bindungen entstehen durch Erfahrungen in „gesunder" Landschaft. Das müssen nicht die Rocky Mountains sein, es ist auch der Schulgarten (biologisch-dynamische Wirtschaftsweise!), der ehemalige Mauerstreifen (Erstbesiedlung!), der Rosenthaler Graben (perennierendes Kleingewässer!), das Tegeler Fließ (Berlins bedeutendste Amphibienwanderstrecke!) usw.

Die Aufgabe der Pädagogik ist es, nicht nur kognitives Wissen zu vermitteln, sondern auch Handlungskompetenz. Eine Verantwortungsethik kann sich nur durch das Wachsen einer emotionalen Bindung zum Gegenstand entwickeln (Suchantke, 1995). Wie setzt man diese Forderung praktisch um?

Der Lehrplan der Waldorfschulen läßt den einzelnen LehrerInnen nicht nur die Freiheit, die in der Regel sehr allgemein umschriebenen Themenkreise selbständig zu gestalten, sondern fordert dazu dezidiert auf. In der Waldorfschule Märkisches Viertel Berlin wird (neben den üblichen land- und forstwirtschaftlichen Praktika) Projektunterricht in der 11. und

12. Klasse durchgeführt. Jedes Jahr führen wir ein kombiniertes Astronomie-Ökologie-Praktikum auf der Insel Neuwerk (vor Cuxhaven) durch. Dazu zwei Schülerinnenzitate:

„Im April 1997 begegnete ich ihm in diesem Jahr zum ersten Mal: dem Watt. Es kam mir grau und düster vor. Doch bald stellte sich heraus, daß es sein Gesicht mit der Leichtigkeit eines Schauspielers ändern konnte. Wenn das Watt mit Wasser bedeckt und von der Sonne beschienen war, strahlte und glitzerte es. Zur Ebbe-Zeit hieß es für uns jedoch: hinein ins Watt! Gummistiefeltief darin einsinkend mußten wir Sedimentproben nehmen, Würmer zählen... Mit dem Watt und seinen Bewohnern im wahrsten Sinne des Wortes „in Berührung" zu kommen, war eine neue Erfahrung, die einem dieses Stück Natur bewußter werden ließ. Durch das Graben im Watt eröffnete sich mir ein neues Feld von kleinen Tieren, über die ich mir bei der ersten Wattdurchquerung überhaupt nicht im Klaren gewesen bin." (Verena Vortisch)

„Bis man von den ca. 45 theoretisch hier vorkommenden Vogelarten die ersten paar erkennen kann, dauert es vielleicht nur ein bis zwei Tage.

Sich aber mit ihren Eigenschaften, Vorlieben, Gewohnheiten usw. auszukennen, ist eine extrem langwierige Arbeit! Es gab viele sehr schöne Augenblicke und Überraschungen. Ich habe mich das erste Mal richtig für Vögel interessiert. Vorher waren Vögel für mich hauptsächlich knochige, gefiederte, fliegende Lebewesen. Hier habe ich bemerkt, wie intelligent, empfindsam und auch schön die verschiedenen Arten sein können." (Else Engel)

Man kann deutlich eine positive emotionale Bindung aus den Zitaten ablesen. Wird das Einfluß auf die Handlungsebene der SchülerInnen haben? Bestimmt! Als es um die Planung der Klassenfahrt in der 12. Klasse ging (die von den SchülerInnen selbst organisiert wird), war ein entscheidender Faktor die Wahl des Transportmittels. Es sollte ein Reiseziel sein, welches mit der Bahn erreicht werden konnte. Gewünscht war außerdem eine intensive Naturerfahrung. Das Ergebnis war eine Paddeltour in Schweden mit ökologischen Gewässeruntersuchungen. Die drei Ebenen (kognitiv, emotional, motorisch) verbinden sich in idealer Weise - geplant von den SchülerInnen, nicht von den LehrerInnen!

Iris Didwiszus (Freie Waldorfschule Märkisches Viertel)

Religiöse Qualitäten in der Mathematik

Wenn man einen logischen Gedankengang nachvollziehend oder auch neu in der Mathematik denkt, kann sich, vielleicht erst nach mehreren ernsthaften Versuchen, ein Wahrheitserlebnis einstellen. Dieses Empfinden vermittelt die große, tiefe Gewißheit, daß das Gedachte stimmt, wahr ist. - Hier stößt man an etwas, was ich als ein religiöses Element an der Mathematik erlebe. Dem Menschen wird die Gnade zuteil, nach einer selbstständig vollzogenen Denktätigkeit unmittelbar Wahrheit erleben zu können.

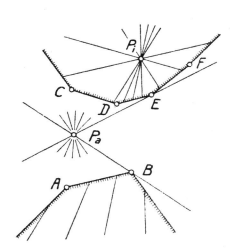

Natürlich gibt es auch Irrtum. Und auch nicht jede Denktätigkeit führt gleich zur Lösung einer Frage. Es ist aber ein sich tief einprägendes Erlebnis, etwas als wahr erlebt zu haben.

Diese wunderbare Fähigkeit des sich Gewißseins wird dem Menschen in der Mathematik erst geschenkt, nachdem vielfach ein längerer, mühsamer Übungsweg beschritten wurde. Dennoch ist das so beglückende Einsichtserlebnis nicht erübbar! Es handelt sich vielmehr um ein kostbares Geschenk; im religiösen Sprachgebrauch würde man sagen: ein Götter-Geschenk an den Menschen. Einsicht kann man weder planen noch erzwingen: sie wird dem Menschen eingehaucht, wenn er dafür reif ist. Wenn man sich diesen Zusammenhang einmal bewußt macht, kann man eine tiefe Dankbarkeit empfinden: etwas elementar Religiöses.

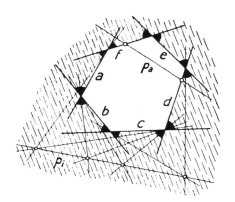

Und wenn man etwas in der Mathematik noch nicht versteht: es ist kaum möglich, das zu kaschieren. Das hinzunehmen, bildet gelebte Bescheidenheit: eine religiöse Grundhaltung.

Man wird den Qualitäten der Mathematik ohne eine gewisse Hingabe nicht sehr nahe kommen. Damit verbunden tauchen auch noch andere religiöse Elemente im Umgang mit dem Mathematischen auf. Eng verbunden mit dem Mathematisieren ist die Stille. Schon ein leises Geräusch kann die hochkonzentrierte, intensive Denkanstrengung stören. Beide, die Hingabe und die Stille, kann man in einer Schulklasse beim Bearbeiten einer mathematischen Fragestellung so wunderbar erleben, wenn Schüler sich gegenseitig wegen eines tiefen, inneren Bedürfnisses zur Stille ermahnen. Auch die Momente des Staunens werden erlebt und müssen unbedingt zur Geltung kommen, möglichst bei jedem Schüler für sich. Aber auch das Staunen bei anderen sollte intensiv wahrgenommen werden. Über einen Sachverhalt der Mathematik staunen zu können ist ein urmenschliches Erlebnis, dem in einer Unterrichtsstunde Raum gegeben werden sollte, wenn es auftritt.

Und birgt letztlich die Wiederholung selber nicht auch ein religiöses Element in sich? Gebete werden in der Kirche auch deswegen als Kraftquelle empfunden, weil sie durch eine freie und beabsichtigte Wiederholung ihre Wirkung entfalten. Im wiederholten Üben kann eine ähnliche Stärkung liegen.

Wolfgang Borning
(Freie Waldorfschule Kreuzberg)

»Reine Mathematik ist Religion.«

»Wer ein mathematisches Buch nicht mit Andacht ergreift und es, wie Gottes Wort, liest, der versteht es nicht.«

Novalis

The Cry for myths

»Ich spreche von einem schreienden Verlangen nach Mythen, weil ich glaube, daß es ein dringliches Bedürfnis nach Mythen in unserer Zeit gibt. Viele der Probleme unser Gesellschaft mitsamt der Hingabe an Sekten und Drogen können zurückgeführt werden auf den Mangel

> »I speak of the Cry for myths because I believe there is an urgency in the need for myth in our day. Many of the problems of our society, including cults and drug addiction, can be traced to the lack of myths which will give us as individuals the inner security we need in order to live adequately in our day.«
> Rollo May

an Mythen, die uns als Individualitäten die innere Sicherheit geben, die wir brauchen, um entsprechend unserer Zeit zu leben.«
Rollo May

Ich bin kein Fürsprecher von „waldorfpädagogischen Staatsschulen", so daß ich überrascht war, als mich der Leiter einer New Yorker Schule anrief und um Hilfe bat. Er beschrieb seine Schule als eine Einrichtung, die einige fortschrittliche Ansätze im sozialen und wissenschaftlichen Bereich anzuwenden versuche, um die mehrheitlich afroamerikanische Schülerschaft zum Erfolg in der Schule zu motivieren. Leider habe die Schule nur eine afroamerikanische Lehrerin, in deren Klasse enorme soziale Probleme herrschten. Könnte ich etwas von der Waldorf Methode einbringen, um zu helfen? Ich war schon nah dran, „nein" zu sagen, als der Leiter den Standort der Schule nannte. Sie befinde sich nur einen Kilometer von genau demjenigen sozialen Wohnungsbau entfernt, in dem ich selber aufgewachsen war, umgeben von größter Armut und kultureller Öde. Ich erinnerte mich nur zu gut an das armselige und deprimierende Milieu. Wie konnte ich meine Hilfe verweigern?

Ich traf die Lehrerin vor ihrem Klassenzimmer. Ihren Lehrplan hatte sie vorüber-gehend außer Kraft gesetzt, wollte sie mich wissen lassen, um ein sich wiederholendes Problem zu behandeln. Schon wieder, sagte sie, sei ein Streit zwischen zwei besonders antagonistischen Mädchen ausgebrochen. Die Gründe dafür seien mannigfaltig und komplex: Eifersucht plus Cliquengeist mal Neid dividiert durch Gehässigkeit - fürwahr eine mächtige und bittere Formel!

Nach einer weit verbreiteten (und manchmal erfolgreichen) Methode baute die Lehrerin einen Flipchart auf und bat zwei Schüler, die Gesprächsleitung zu übernehmen. Die beiden Parteien wurden gebeten, ihre Version des Geschehenen zu schildern (was zu größerer Schärfe führte), und andere Schüler sollten sich darüber äußern, was in einer solchen Situation am besten zu tun wäre. Ideen und Vorschläge wurden fortlaufend auf dem Flipchart festgehalten: „Ignoriere Leute, die dich beleidigen", „Sei nett zu deinen Freunden", „Verwende keine unanständige Sprache" und so weiter. Als die Imperative erschöpft waren, wurden die Bögen des Flipchart an das Pinbrett und an die Wand geheftet, wo sie sich zu einem wachsenden Spektrum von agressiv-positiven Parolen gesellten. Ich erinnerte mich an Photos von sowjetischen Klassenzimmern aus den 50-ger Jahren, deren Wände mit den Worten Lenins und Stalins phosphoreszierten. Damals sagten uns unsere Lehrer, daß wir dankbar sein sollten, nicht in propaganda-gefüllten Räumen sitzen zu müssen ...

Es war klar, daß die Diskussion, der ich beigewohnt hatte, nichts mehr brachte. Die allgemeine Wirkung war, daß die Kinder trainiert wurden, ihre Emotionen zu intellektualisieren, um sie zu „kontrollieren", während die wirklichen Gefühle weiterhin im Hintergrund rumorten, bereit, erneut auszubrechen, sobald die Diskussion beendet und der Flipchart weggestellt wurden. Symptome wurden „gemanagt", während die in den Kindern wirksamen Archetypen kaum berührt wurden.

Während einer Pause besprachen die Lehrerin, der Schulleiter und ich, was ich gesehen hatte. Sie räumte ein, daß es wenig oder keinen Fortschritt bei der Überwindung der Kluft zwischen den zwei Antagonisten gegeben hatte. Ich bemerkte, daß Waldorflehrer eine derartige Streittendenz bis hin zur Rachsüchtigkeit als einen natürlichen Teil des Verhaltens von Viertklässlern betrachten.

„Und was tun Sie dagegen?", fragte mich die Lehrerin, „was tun Sie an einer Waldorfschule, wenn dieses Zeug ausbricht?" Ich schmunzelte, wohlwissend, wie fremdartig meine Antwort klingen würde.

„Wir erzählen eine Geschichte", sagte ich, „in welcher den Antagonisten eine mythische Dimension gegeben wird. Das objektiviert das Erlebnis. Tatsächlich erzählen wir in der vierten Klasse viele nordische Mythen auch deswegen, weil die nordischen Götter die streitbarsten und aggressivsten Götter der gesamten Mythologie sind. Zusammen mit deren Lebendigkeit ist damit eine genaue Widerspiegelung der Disposition des Viertklässlers gegeben. Wir sagen nicht viel direkt zu den betroffenen Kindern, sondern lassen sie die Geschichte „verdauen" und die Wirkung ihres Verhaltens betrachten, als würde sie jemand anderen treffen."

> „We tell a story," I said, „In which the antagonists are given a mythical dimension. That tends to objectify the experience. In fact, in fourth grade we tell many Norse myths, in part because the Norse gods are the most argumentative and aggressive gods in world mythology; - that, and their liveliness, provide an accurate reflection of the fourth grader's own nature. We don't say very much directly to the children involved, but let them 'digest' the story and see the effect of their behavior as though it were happening to someone else."

Mein Herz geht zu den Millionen von Schulkindern und deren „cry for myth".

> My heart goes out to those millions of schoolchildren and their „cry for myth".

Eugene Schwartz (Director of Teacher Training, Sunbridge College, Spring Valley, New York)

Die Lehrerin schaute skeptisch drein. „Und das funktioniert?", fragte sie. „Es dauert einige Wochen", gestand ich ein, „oder einige Monate, oder manchmal einige Jahre. Aber doch, irgend wann wirkt es."

„Wenn Sie diesen Kindern eine nordische Geschichte erzählen, werden sie es nur dazu nutzen, sich noch mehr gegenseitig aufzustacheln", sagte sie, „aber sie werden wohl erst gar nicht zuhören."

„Laß es ihn probieren", sagte ihr Schulleiter, „was haben wir schon zu verlieren?" Innerhalb weniger Minuten stand ich vor der Klasse und erzählte die Sage von Lokis Eifersucht gegenüber Baldur. Der neidische und trotzige Loki findet einen Weg, den nahezu unsterblichen Baldur zu töten; statt aber von den Aesir akzeptiert zu werden, wird er noch mehr verachtet. Gemäß der vielbewährten Waldorfmethode gab ich, als ich die Geschichte erzählte, keinen Hinweis zu den Ereignissen am Vormittag. Ich schaute auch nicht zu den beiden betroffenen Mädchen, sondern sprach zu der Klasse als ganze. Sie erwiesen sich als eine ruhige und aufmerksam teilnehmende Zuhörerschaft.

Eugene Schwartz leitet die staatlich anerkannte Waldorflehrerausbildung am Sunbridge College. Die »Association of Waldorf Schools in North America« verlegt ein Buch der pädagogischen Geschichten von Eugene Schwartz (»Why the Setting Sun Turns Red and Other Stories for Children«), in der Hoffnung, mit diesem Buch auch Lehrer öffentlicher Schulen zu erreichen.

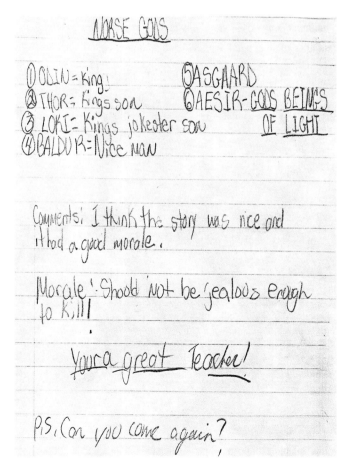

Später am Nachmittag, als ich gerade gehen wollte, kam eine von den Kontrahenten zu mir und überreichte mir ein Blatt liniertes Papier. Auf diesem hatte sie den Namen ihrer Schule, ihren Namen, das Datum und das Folgende notiert:

Nordische Götter

1 Odin = König	5 Asgaard	
2 Thor = Königssohn	6 Aesir =	
3 Loki = Witzbold - Sohn des Königs	göttliche	
4 Baldur = netter Mann	Lichtwesen	

Kommentar: Ich denke, die Geschichte war schön und hatte eine gute Moral.
Moral: Sei nie so eifersüchtig, daß du tötest.

Sie sind ein großartiger Lehrer!

P. S. Können Sie wiederkommen?

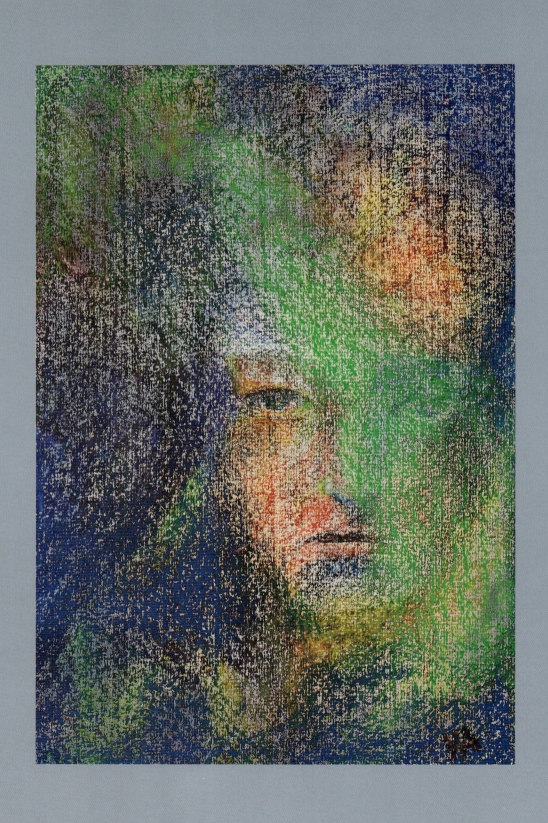

Portrait, zeitgenössisch   Veronika Adams (12. Klasse Rudolf Steiner Schule)

Der nüchterne Weg

Klassenfahrt nach Synanon

Jedes Jahr fährt die 9. Klasse unserer Schule zum Landbaupraktikum nach »Synanon Gut Schmerwitz« nahe Belzig (Potsdam-Mittelmark). Im Gegensatz zu anderen Waldorfschulen werden wir nicht in vielen kleinen Gruppen auf mehrere Bauernhöfe verteilt, sondern fahren immer in geschlossenen Klassen.

Synanon ist ein Zufluchtsort und eine Lebensgemeinschaft von ehemaligen Süchtigen für Süchtige. Hier können Alkoholiker, Junkies und andere Süchtige Hilfe finden. Hilfe bedeutet, daß sie Kleidung, Wohnung, Essen und Arbeit sowie die Möglichkeit, wieder ein geregeltes Leben führen zu können, bekommen. Es gibt hier keine Therapeuten und Drogenberater, statt dessen helfen sich die Synanisten (Bezeichnung der in Synanon Wohnenden) gegenseitig und klären ihre zwischenmenschlichen Probleme in einem Gruppengespräch dreimal pro Woche. Sie werden auf dem Wege des „kalten Entzugs" entwöhnt. Meiner Meinung nach ist das sehr hart, aber wahrscheinlich wirken die Leute gerade deshalb so offen, freundlich und zufrieden, weil sie wissen, daß sie die Kraft haben, sich durch eigenen eisernen Willen von den Drogen fernzuhalten.

Meine Eindrücke von Synanon waren vielfältig. Ich dachte nicht, daß in so einer großen Gruppe so viele Menschen fair miteinander leben können und sich jeder einzelne in der Gemeinschaft so disziplinieren kann, daß seine Wünsche und Süchte in den Hintergrund treten. Andere Klassen hatten uns auch vorausgesagt, daß die Klassenfahrt (und das Landbaupraktikum) schön werden würde, und unsere Erwartungen wurden voll erfüllt. Wenn ich ehrlich bin, fand ich die Feldarbeit weniger spannend als die Lebensgeschichten der Synanisten. Ich finde es toll, daß uns so ein Einblick gewährt wurde. Man liest oft Warnungen vor Drogen in der Presse und irgendwann nimmt man diese auch nicht mehr ernst. Nach dieser Fahrt würde ich mir mehrmals überlegen, ob

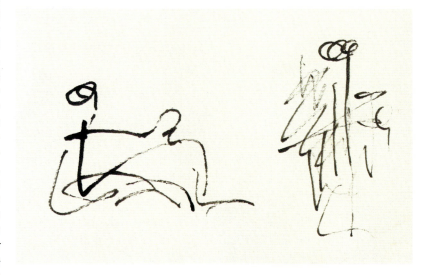

ich kiffe, trinke usw., da ich weiß, worauf das hinauslaufen könnte. Im Endeffekt haben viele der jetzt in Synanon Lebenden die Kurve gekriegt, aber das kann sich schnell wieder ändern. Und die wenigsten kommen und bleiben, denn nicht jeder hat für den nüchternen Weg Synanons den nötigen Willen ...

Marianne Borbach (9. Klasse, Freie Waldorfschule Märkisches Viertel)

Zeichnung: „Menschen"–Skizzen,
Benjamin Andrae (12. Klasse, Rudolf Steiner Schule)

Wirtschaft in der Waldorfschule

Steinbrücke GbR - ein Anti-Null-Bock-Projekt

Geographieunterricht: Thema Entwicklungsländer

Frage in die Runde: „Was geschieht, wenn wir im Supermarkt ein Pfund Kaffee aus dem Regal nehmen?"

Wir begreifen uns schnell als Auslöser für eine Kette von wirtschaftlichen, sozialen und ökologischen Prozessen, die notwendig sind, um das Regal im Supermarkt wieder zu füllen. Vielleicht Kinderarbeit, Verschuldung, Pestizidbelastung der Kaffeebauern. All das wiederholt sich. Also: Auslöser sind wir wohl. Aber: Sind wir auch verantwortlich für diese Vorgänge? Betroffenheit bei den Schülern. „Man müßte etwas tun".

Hier liegt eine der unverschuldeten Wurzeln für eine Null-Bock-Haltung. Das Ausmaß der weltweiten Probleme, per Kabel ins Wohnzimmer projiziert und die scheinbare Chancenlosigkeit, darauf zu antworten... Das erzeugt Resignation.

Was wir dennoch versucht haben : Schüler und Lehrer der Waldorfschule Märkisches Viertel haben 1996 die Mineralienhandelsgesellschaft Steinbrücke GbR als Gewerbe angemeldet. Warum Mineralien? Ein sinnlich ansprechendes und zugleich klassisches „Dritte-Welt-Produkt". Kunden würden sich finden lassen.

Was ergibt ein Rückblick nach 2 Jahren Firmengeschichte? Schüler und Lehrer unserer Oberstufe haben in ihrer Freizeit

- auf Einkaufsfahrten zu verschiedenen Großhändlern und Messen Mineralien und Schmuck im Wert von ca. 47.000 Mark Stück für Stück ausgesucht.
- die eingekauften Steine gewaschen, gewogen, kalkuliert und ausgezeichnet.
- die ausgezeichneten Steine auf ca. 30 Bazaren, Märkten etc. und an 7 bis 8 kleine Läden in Berlin und zahlreiche Einzelkunden verkauft.

Umsatz ca. 64.000 Mark.
- darüber hinaus Betriebswirtschaft und Steuerrecht in bescheidenen Ansätzen geübt, Werbung und Standgestaltung diskutiert und einen kleinen Versandhandel begonnen.

Was geschieht mit dem Reingwinn von ca. 6.000 Mark pro Jahr? Unser Gesellschaftsvertrag sieht dafür vor: „§13 - Die erwirtschafteten Gewinne sollen an soziale Einrichtungen in Ländern der »Dritten Welt« überwiesen werden. Eine Gewinnausschüttung an die Gesellschafter findet nicht statt".

„Unser Projekt" ist Zaza Faly, ein kleines, überschaubares Straßenkinderprojekt in Madagaskar, zu dessen Berliner Gründern wir ständigen Kontakt halten.

Die Kinder, die in Pappkartons und Lumpen auf der Straße leben und sich ihren Lebensunterhalt oft mit Müllsammeln und -sortieren verdienen, können die kleine Station von Zaza Faly (das glückliche Kind) jederzeit ansteuern, Freunde und Hilfsbedürftige mitbringen und die elementarsten Lebensgrundbedürfnisse befriedigen. Geduldiges Einüben einer einfachen Körperwäsche (deren Sinn sie nicht kennen) und des Zähneputzens sind meist der Anfang. Die gemeinsame warme Mittagsmahlzeit ist anfangs von der Angst geprägt, nicht satt zu werden. Hat all dies eine Perspektive? Versuche einer elementaren Schulbildung folgen. Die Älteren, die regelmäßig kommen, erhalten die Chance, einen einfachen Unterhaltserwerb zu erlernen - auf madagassisch. Ein angeheuerter Lehrer bringt ihnen bei, aus alten Autoreifen Schuhe herzustellen, für den Eigenbedarf und den Verkauf.

Michael Benner (Freie Waldorfschule Märkisches Viertel)

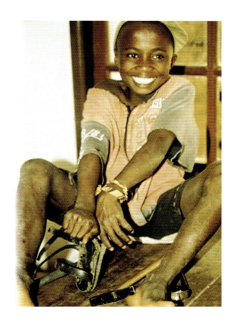

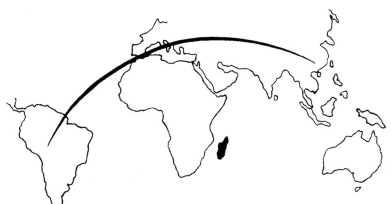

STEINBRÜCKE

Schülerstimmen

„Nach langem, meiner Meinung nach auch berechtigtem Nichtstun, habe ich endlich eine Möglichkeit gesehen, mit Mitschülern aktiv zu werden. Vor allem reizte mich die „richtige Firma", die einem erstmals einen kleinen Einblick in die vorher so ferne Geschäftswelt erlaubte. Insgesamt war die Steinbrücke für mich zwar arbeitsreich, aber hochinteressant."
Oliver Gabel

„Theorien zu dringend lösungsbedürftigen Problemen lassen sich schnell entwickeln, aber in der Praxis lernt man, daß die Umsetzung viel schwieriger, auf jeden Fall anders verläuft."
Milena Müller

... sehen, daß wir am glitzernden Ende der Konsumkette stehen, es auf der anderen Seite jedoch Menschen gibt, die ohne eine veränderte Grundeinstellung von uns immer um ihr Überleben werden kämpfen müssen...
Hella Spieß

Die multikulturelle Gesellschaft

Rudolf Steiner hat sich intensiv für dasjenige ausgesprochen, was er für einzig heilsam hielt: die multikulturelle Gesellschaft, in der die Selbstbestimmung jeder Kultur nicht angetastet wird. Von Unterschriftensammlungen Prominenter bis hin zu Flugblattaktionen hat er dafür gekämpft und sich gegen den Minderheiten unterdrückenden Einheitsstaat ausgesprochen. Anstelle dessen setzte er sich für ein freies Geistesleben, insbesondere auch für die Menschen verschiedener Ethnien auf gleichem Grund und Boden, ein Rechtsleben mit gleichen Grundrechten für alle und ein Wirtschaftsleben der Assoziationen von Produzenten, Konsumenten und Handel ein.

1922 sollte das ethnisch durchmischte Oberschlesien entweder zu Polen oder zu Preussen geschlagen oder - ethnisch gereinigt - aufgeteilt werden. Rudolf Steiner lancierte eine politische Aktion mit

Rudolf Steiner Schule Berlin, 2. Klasse 1998

dem Ziel, daß die Oberschlesier beider Ethnien sich unter Protest weder Polen noch Preussen anschließen sollten. In seinem »Aufruf zur Rettung Oberschlesiens« heißt es: »Gerade in Oberschlesien schreien die Verhältnisse nach einer

solchen Dreigliederung. Hier kämpfen zwei Kulturen, zwei Volksindividualitäten, die einander durchdringen, um die Möglichkeit, sich auszuleben. Schulwesen und richterliche Rechtsprechung sind die wichtigsten Punkte, die zu Reibungen Anlaß geben. Nur durch die Befreiung des Geisteslebens können gerade in Oberschlesien diese brennenden Fragen gelöst werden. Nebeneinander werden sich dann die zwei Kulturen, die deutsche und die polnische entsprechend ihrer Lebenskräfte entwickeln können, ohne daß die eine eine Vergewaltigung durch die andere zu befürchten hat, und ohne daß der politische Staat für die eine oder die andere Partei ergreift. Nicht nur eigene Bildungsanstalten, sondern eigene Verwaltungskörperschaften für das Kulturleben wird jede Nationalität errichten, so daß Reibungen ausgeschlossen sind.«

Martin Barkhoff, ehemaliger Chefredakteur der Wochenschrift »Das Goetheanum«, faßt die Haltung Steiners so zusammen: »Der Staat in Deutschland kann - nach den sozialen Impulsen Rudolf Steiners - nicht den Deutschen gehören, sondern nur allen seinen Anwohnern in gleicher Weise; der Staat in Polen, in Rumänien, Frankreich nicht den Polen, Rumänen, Franzosen. Rudolf Steiner hat für diesen Entwurf, diesen Impuls der multikulturellen Gesellschaft im entethnisierten Staat nachhaltig und mit großem Einsatz politisch gekämpft. (...) Es ist daher auch klar, daß gerade von den völkischen Gruppen der brutalste Widerstand gegen Rudolf Steiner erfolgte. (...) Tatsächlich antworteten die völkischen Kreise und Milizen auf Rudolf Steiners politische Tätigkeit mit Terroraktionen, bei denen er knapp mit dem Leben davonkam und die ihm das öffentliche Auftreten in Deutschland vollkommen verunmöglichten. Im Völkischen Beobachter kennzeichnete Adolf Hitler die Dreigliederung des sozialen Organismus als eine dieser 'ganzen jüdischen Methoden zur Zerstörung der normalen Geistesverfassung der Völker'.«

Wird nicht die Selbstbestimmung des einzelnen Menschen sondern die der Minderheiten unterdrückenden Nation vorangestellt, dann prophezeite Steiner unendliches Blutvergießen. Denn die von Woodrow Wilson propagierte Idee der »self-determination of nations« gewährt dubiosen Machtstrukturen bis in die heutige Zeit eine Unantastbarkeit, die sie wider das Individuum („Dissidenten") und ethnische Minderheiten auf brutalste Art einsetzen kann. Hier liegt ein Nährboden von staatlich sanktioniertem Rassismus, der von Rudolf Steiner frühzeitig erkannt wurde und gegen den er mit aller Deutlichkeit vehement gekämpft hat.   dh

Klasse 3 der McGregor Waldorf School in Südafrika

eine Initiative besonders hervorgehoben: Das Novalis Institut. Letzteres bildet süd-afrikanische Lehrer in den Methoden der Waldorfpädagogik aus und »trug besonders zur Heilung und zum Wiederaufbau nach dem rassistischen Erbe bei.« In dem UNESCO Bericht über diese Waldorflehrerausbildung heißt es wörtlich:

»Das Apartheid System Süd-Afrikas war sehr erfolgreich im realen Auseinanderhalten der verschiedenen Gemeinschaften. Das Novalis Institut war sehr erfolgreich im realen Zusammenbringen dieser Gemeinschaften und im Aufbau einer neuen Realität und eines neuen Bewußtseins. (...) Es war bahnbrechend für eine neue und integrierte Gemeinschaft und legte für sie Fundamente.« (Aus »Tolerance: the threshold of peace. A teaching/learning guide for education for peace, human right and democracy«, UNESCO 1994).   dh

Waldorfschule im Kampf gegen die Apartheid

Von der Waldorfschule in Capetown wurde noch vor der offiziellen Überwindung der Rassentrennung das Recht erkämpft, in gemischten Klassen zu unterrichten. Als einmal ein Klassenausflug anstand, mußte deswegen ein eigener Eisenbahnwagen zwischen den Wagen für die weißen Fahrgäste und den Wagen für die schwarzen Fahrgäste gehängt werden. Auf der Hinfahrt wurde dieser gemischte Wagen vorne und hinten abgeschlossen; als aber auf der Rückfahrt das Abschließen vergessen wurde und sich einige derjenigen Fahrgäste, die den ihrer Hautfarbe gemäßen Wagen suchten, in den Waldorfwagen verirrten, war die Verwirrung perfekt. Die Kinder beantworteten das auf ihre Weise und lehnten sich in jedem Bahnhof in gemischter Folge aus den Fenstern.

Anthroposophen setzen sich für eine multikulturelle Gesellschaft ein. Denn die Selbstbestimmung des einzelnen Menschen ist ihr A und O. So war konsequenterweise die Waldorfschule die erste Schule in Südafrika, die es noch während der Apartheid durchsetzte, Schule unabhängig von Rassenzugehörigkeit zu betreiben.

In der UNESCO Veröffentlichung »Toleranz: die Schwelle des Friedens; Eine Lehr- und Lernanleitung für Bildung zu Frieden, Menschenrechten und Demokratie« wird bei der Überwindung der Apartheid in Süd-Afrika

Ein „cut-out mural" für einen Kinderstand auf einem Erntedankfest in der Umgebung

Stürmischer Abendhimmel, Lea Besier, 11. Klasse Rudolf Steiner Schule.

Zunehmendes Licht, Alice Oelker, 11. Klasse Rudolf Steiner Schule

Brief aus Kanada

1. Mai 1998. North York, Ontario.

Noch immer fühle ich mich als „Mitbegründer der Rudolf Steiner Schule zu Berlin". Ich war unter den wenigen Schülern, die im Alter von 6-7 Jahren ins Gute Zimmer einer Familie mit der Zuckertüte spazierten und unter Dr. Knauer den Vorlauf der Schule starteten. Natürlich waren es die Eltern, in meinem Fall die Mutter, die entschieden, wo und wie ihre Kinder für's Leben geschult wurden. Eine Rudolf Steiner Schule fordert mit Recht die Einbeziehung und Mitarbeit der Eltern in der Formierung ihrer Zöglinge.

Meine Mutter war die treibende Kraft, und als sie starb, ich war damals in der vierten Klasse von Herbert Schiele, hörte für mich diese Betreuung auf. 1936 erklärte mir ein Lehrer, nicht Herr Schiele, daß ich als Mischling sowieso nicht zum Studium zugelassen würde und das Abitur sowieso an einer anderen Schule machen müßte. Ich verließ am nächsten Tag die Schule und suchte mir eine Lehre im Hotelgewerbe in der Hoffnung, damit ins Ausland zu kommen. Ich habe nie eine andere Schule besucht und sehe heute wie während meines ganzen Lebens die Werte, die mir dort geschenkt wurden:

1. Toleranz und Verständnis für jeden Menschen, gleich welcher Herkunft, Hautfarbe oder Religion. Deswegen lebe ich mit Vergnügen in Toronto - und vorher in Montreal - multikulturelle kosmopolitische Städte par excellence.

2. Die frühe Beschäftigung mit fremden Sprachen, die mich zur Dreisprachigkeit brachte und es mir gestattete, 200 und mehr Mitarbeiter in elf Sprachsendungen im Funk in Kanada zu leiten.

3. Die Allgemeinbildung, die mir ermöglichte, im Rundfunk Positionen zu füllen, die sonst nur Personen mit Universitätsgraden erreichen.

4. Die Beschäftigung mit dem Wort. Herr Schiele schrieb mir in einem Zeugnis Goethes „Im Anfang war das Wort ..." auf meine Bewertung. Ich habe meinen Erfolg im Journalismus deswegen bescheiden verfolgen können.

Noch heute denke ich mit Stolz und Wehmut an meine Schulzeit. Ich bin gern zur Schule gegangen, trotz der weiten Schulwege mit öffentlichen Verkehrsmitteln. Die Klassenfreundschaften haben sich mehr als 70 Jahre über die halbe Welt gehalten.

So wünsche und hoffe ich, daß die Rudolf Steiner Schule noch bis ins 21. Jahrhundert mit allen Waldorfschulen in der Welt Kinder formt, die als Erwachsene die goldenen Werte von Kultur, Musik, Natur und Geist weiter tragen, die wir so bitter heute nötig haben.

Gerd P. Pick

Rudolf Steiner Schule Berlin
1928/29
2 Klassen

am linken Bildrand: Herr Schiele
oben rechts: Frl. Klefel
darunter: Frl. Kocherhans

Der Sämann

Deutlich steht mir die Aufnahme in die erste Klasse vor Augen: Helmut Hundhausen erzählte, wie ein Sämann Korn aussäte und eines Tages die kleinen, grünen Spitzen hervorgekommen waren und die Hälmchen nun freudig und erwartungsvoll in die Welt hinausschauten. Da wir das Frühjahr davor in einem kleinen Dorf der Mark Brandenburg gelebt hatten, sah ich den Sämann, vor allem aber das Saatfeld mit den grünen Hälmchen deutlich vor mir; auch heute noch steht es mir vor Augen. Dann bekam jeder ein Blumentöpfchen, oder stand es schon auf unserem Platz? Jedenfalls wurde es sicher freudig nach Hause mitgenommen.

Ein Jahr später durften wir, hinter ihnen im Klassenraum sitzend, an der Aufnahmefeier der neuen Erstkläßler teilnehmen. Was die Klassenlehrerin (Lotte Ahr) erzählte, weiß ich nicht mehr. Aber ich spüre fast heute noch die Enttäuschung darüber, daß diese Erstkläßler keinen Blumentopf bekommen hatten und mit leeren Händen in ihre Klasse ziehen mußten. (1930)

Einmal gab mir Helmut Hundhausen 20 Pfg., damit ich mit dem Bus direkt nach Hause fahren konnte, denn im Zentrum waren Unruhen mit Schießereien ausgebrochen. (1931)

Thor Keller

Kreuzberger Hinterhöfe

In einem winzigen Zimmerchen eines Hinterhofhauses in der Großbeerenstraße fand das Aufnahmegespräch in die Waldorfschule statt. Ich muß sehr verschüchtert gewesen sein: Vor dem Lehrer mit dem strengen Blick und den dunklen Augenbrauen, Herbert Schiele, hatte ich ungeheuren Respekt. Da kam auf das Landkind etwas zu, das es gar nicht fassen konnte. Herr Schiele hatte dann mit meiner Klasse gar nichts zu tun. Ich gab ihm aber noch lange Zeit täglich in der großen Pause die Hand.

Endlich kam der erste Schultag. Im Turnraum der Schule versammelten sich Kinder und Eltern der neuen ersten Klasse. Wir Kinder saßen auf Schwebebalken. Ich erinnere mich nur noch, daß Herr Hundhausen, nun unser Klassenlehrer, etwas von den Hälmchen erzählte, aus denen mal etwas werden sollte. Bald sollten wir uns in das Klassenzimmer begeben. Das wurde ein Sturm! Alles rannte, schrie, suchte sich einen Platz. Ich hatte so etwas nie erlebt und weiß mich nur noch fassungslos und verschüchtert in der Tür stehen. Schließlich brachte mich Herr Hundhausen an den einzigen noch freien Platz in der hintersten Ecke der Fensterseite.

Wir hatten einen sehr engen Schulhof - eigentlich zwei Hinterhöfe verschiedenen Niveaus, durch eine Treppe verbunden. Der Lärm und das Herumtollen in den Pausen muß infernalisch gewesen sein. Jedenfalls dürfte wohl einiges an Beschwerden von den Anwohnern gekommen sein. Unsere Lehrer hatten in einer benachbarten Volksschule (vermutlich Mädchenschule) gesehen, wie die Kinder zwei und zwei die ganze Pause lang brav und leise im Kreis herumzogen. Sie wollten das bei uns auch einführen. Ich meine mich zu erinnern, daß dieser Versuch sehr bald wieder eingestellt wurde.

Damals, in der Zeit nach 1933, tauchten immer wieder Hitlerjugend-Uniformen in der Schule auf: ich bewunderte die Fahrtenmesser, die am „Koppel" getragen wurden. Schließlich wurde der Staatsjugendtag eingeführt: Die Organisierten mußten samstags ihren Dienst machen. Wir anderen hatten „national-politischen Unterricht" zu haben. Unsere Lehrer gaben diesen notgedrungen recht und schlecht. Ich erinnere mich, daß Herr Weißert mit uns viele Lieder sang: nationale, die er noch aus seiner Jugendzeit kannte („Die Wacht am Rhein") oder z.B. Landsknechtslieder oder was sonst gerade noch erträglich war, aus dem H.J.-Liederbuch „Blut und Ehre". Auch mit „Heil Hitler" in strammer Haltung mußte jede Stunde begonnen werden. Frl. Siebert erledigte das z.B. mit einem ganz schnellen „Goodmorningheilhitlersitdown".

Johannes Kühne

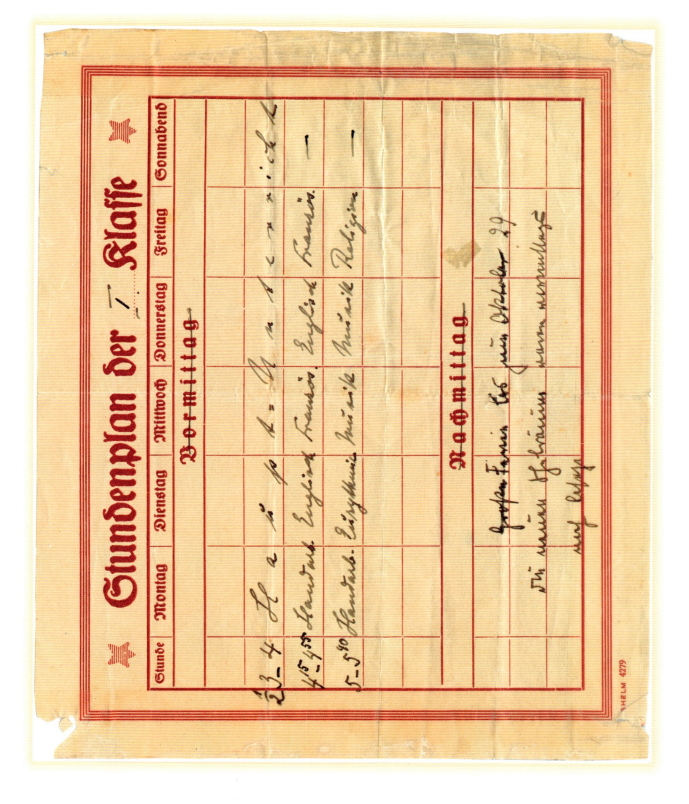

Die 1. Klasse 1932 mit ihrem Klassenlehrer Ernst Kraus

Götz von Helmolt

hat von Ostern 1925 bis Ostern 1926 unsere Familienschule regelmäßig besucht und gute Fortschritte gemacht. Seine Umgebung schaut er nun noch viel aufmerksamer und forschender an. Er merkt sich Alles leicht und behält es lange und treu im Gedächtnis. Auch beschäftigt er sich schon recht selbständig und lebhaft mit den Dingen. Frisch und mutig zeigt er sich überall da, wo es gilt, Neues kennen zu lernen und zu erkennen. Da ist er ein aufmerksamer Zuhörer und Frager. Aber an die groben Sinnendinge mag er immer noch nicht gern heran, und das Erleben der Raum-verhältnisse ist immer zurückhaltend oder gar angstvoll. Durch seinen guten Willen und Mut beim Turnen ist schon eine Besserung eingetreten. — Umso größer ist seine Begeisterung an allem Großen, Heldenhaften und Geschichtlichen; er liest schon fast zu viel und schnell. Er erzählt auch gern und sehr anschaulich und lebendig, und spricht dabei ziemlich klar und deutlich. Aber im Schreiben ist er sehr bequem, und viele Fehler macht

er nur aus Nachlässigkeit. Da muß
er liebevoller sein. Seine kleinen
Kunstwerke aus Plastilin machen sehr
viel mehr Freude, auch seine Malereien.
Die Töne lohnen ihm schon seine Mühe
und kommen allmählich zu ihm.
Götz ist in seiner Klasse der beste Rechner.
Französisch hat er gern und lernt es
leicht.

Im Zusammenleben mit seinen
Mitschülern war er meist liebevoll,
teilnehmend und bescheiden,

Ostern 1926.   Bernhard Seidel.

Ruhe uner-
schaffen sein Schicksal ...,

Das Rechnen fiel ihm infolge seines regen
standes recht leicht. In allem Künstlerischen lebt
er wie in einem ihm eignen Elemente. Mit Geduld
wird er auch seine Handschrift sehr verbessern
können.

Ostern 1925

                         Kurt Schreiber

Charlottenburg, 14. April 1924.

                    Else Krause.

Der »Zirkel«

Die Keimzelle der Rudolf Steiner Schule in Berlin

Zu Ostern 1923 begannen sechs Erstkläßler Ihren Unterricht auf Grundlage der Waldorfpädagogik im Wohnzimmer von Dr. Bastanier in der Günzelstraße: nebst dem Sohn von Dr. Bastanier die Kinder Götz von Helmolt, Annemarie Markau, Wolfgang Räther, Hermann Lüdecke und Liselotte Schreiner; Klassenlehrerin im ersten Schuljahr war Fräulein Else Krause. Da die Klassen sehr klein waren und die Wohnungen damals oft sehr groß, stellten Eltern oder interessierte Persönlichkeiten dem „Privatzirkel" Räume zur Verfügung. Nach einigen Monaten wechselten wir in die Wohnung Schublink in der Nähe vom Prager Platz. Der Eurythmieunterricht (bei Frau Erna Grund, Fräulein Drescher und Fräulein Kocherhans, später Latrill) fand in den Räumen der Eurythmieschule, Potsdamerstr. 39a statt. Im selben Haus im vierten Stock befanden sich die Räume der anthroposophischen Gesellschaft mit der Wohnung von Fräulein Anna Samweber. Wenn wir Eurythmieunterricht hatten, wurde der restliche Unterricht in die Wohnung von Familie Markau, die auch in der Potsdamerstraße 39a wohnten, verlegt.

Meine Zeugnisse belegen, daß wir von Anfang an Fremdsprachenunterricht hatten. Ich erinnere mich noch daran, zunächst der Auffassung gewesen zu sein, daß man deutsche Wörter buchstabenweise ins Englische übersetzen könnte, wenn man erst die Entsprechung der jeweiligen Buchstaben gelernt hätte!

Im zweiten Schuljahr (1924/25) hatten wir Unterricht bei Herrn Kurt Schreiber. In diesem Jahr war unsere Klasse im Wohnzimmer der Familie Gall in der Niebuhrstraße zu Gast.

Das dritte und vierte Schuljahr (1925 bis 1927) fand dann in der Wohnung meiner Großmutter (Frau Geheimrat Krüger) in der Prager Straße 27 statt. Hier konnten auch unsere Lehrer (in der 3. Klasse Herr Seidel, in der 4. Herr Dr. Helmut Knauer, der Bruder des späteren Schularztes Dr. Siegfried Knauer) zu Miete wohnen. Hier wurden auch meine Brüder Bernt und Eike in weitere Klassen eingeschult. Es war das erstemal, daß wir nicht um einen Tisch in einem Wohnzimmer oder Salon saßen, sondern Pulte hatten.

Ostern 1927 kam ich an die Waldorfschule nach Stuttgart, weil die Fortführung des Privatzirkels für höhere Klassen nicht genehmigt wurde. Mit jüngeren Schülern, die nach mir eingeschult wurden, bestand der Zirkel allerdings bis zur Schulgründung 1928 weiterhin in der Prager Straße.

Götz von Helmolt

Die Fragen, die hinter den Dingen stehen

Ich kam 1925 in den Vorläufer der Berliner Rudolf Steiner Schule, den sogenannten „Zirkel" in Berlin-Charlottenburg, Prager Str. 27. Lehrer waren damals Herr Seidel, Helmut Knauer und Frl. Baruschke. Ab 1928 ging ich dann in die neugegründete Rudolf Steiner Schule in der Genthiner Straße. Wenn ich mich recht erinnere, waren wir alle in einer Klasse bei Frl. Kiefel, bis wir in die Klasse von Frl. Heuser kamen. Eurythmie gab Frl. Kocherhans und später Frl. Arnold.

Ich blieb bis 1937 in der Steinerschule. Da man damals das Abitur nur auf einer staatlichen Schule machen konnte, wurden die Abiturienten auf das „Herbert-Norkus-Gymnasium" in Berlin-Moabit umgeschult. Wir bestanden alle die Aufnahmeprüfung und später, bis auf einen Mitschüler, das Abitur. Damals wurde das 13. Schuljahr gestrichen, vermutlich weil man hoffte, daß die Mehrzahl der Abiturienten sich zur aktiven Offizierslaufbahn entschließen würden. Entsprechend war auch der Unterricht. So mußten wir als Arbeit im Abitur die Laufbahn eines Artilleriegeschosses berechnen.

Bis 1938 war es mir gelungen, vielleicht sollte ich eher sagen, war es meinen Eltern gelungen, mich und meinen Bruder Eike, der in der Klasse von Herrn Schiele war, aus Jungvolk und HJ herauszuhalten. Auf der Steinerschule wurde kaum über Politik gesprochen. Ein Mitschüler veranlaßte mich einmal, an die Tafel zu schreiben „Brüning (der ehemalige Reichskanzler) ist ein Affe". Dafür bezog ich von Frl. Heuser eine kräftige Ohrfeige.

Mitgenommen habe ich von der Schule die Erinnerung an eine schöne und behütete Kindheit, den Sinn für Kunst und ein Interesse an Fragen, die hinter den Dingen stehen.

Bernt von Helmolt

... ... nie erlebt.

Nach der 7. Klasse kam ich 1931 nach Berlin zurück – mußte nochmals in die 7. da es noch keine 8. gab. Herr Rosenthal war unser Klassenlehrer, er mußte dann

die Schule als Jude verlassen. Das war in unserem Schulleben der „schwärzeste" Tag – wir waren tief bewegt, traurig und weinten sehr. Frau Ella Rothe kam dann als Klassenlehrerin zu uns, wir haben sie später auch sehr geliebt. In der Oberstufe war Herr Schiller unser Klassenbetreuer. Wir waren ja immer „die Großen" und sollten mit gutem Vorbild glänzen! Er hatte uns gut in der Hand und sagte immer, daß wir doch bei ihm den Unfug machen sollten, und nicht bei den anderen Lehrern. Aber daran hatten wir keinerlei Interesse, denn er war spritzig, geistreich und sehr geliebt – es war so interessant, wir waren immer voll dabei! Mit Eurythmie u. Singen, da gab es Sorgen!! Bei der 5. Jahr... ... Berlin waren noch ... ... da ...

Eine Eva Braun-Gaede.

Erinnerungen an den „Umschulungskurs" 1938 - 1941

Als die Rudolf Steiner Schule in Berlin 1938 geschlossen wurde, erlebte ich den letzten Tag wie einen Paukenschlag. Alle Schüler versammelten sich, um von den Lehrern verabschiedet zu werden. Herr Kischnick, der Sportlehrer, sprang mit einer dramatischen Geste von der Bühne. Als elfjähriges Kind konnte ich die politischen Ereignisse gar nicht ermessen.

Drei Lehrer, Fräulein Ahr, Herr Weißert und Herr Weismann richteten anschließend einen sogenannten „Umschulungskurs" ein, um die Waldorfpädagogik möglichst weiterführen zu können. (Schon das letzte Jahr an der Rudolf Steiner Schule war offiziell eine „Umschulung" gewesen.) Herr Weißert unterrichtete die großen Schüler, Herr Weißmann die mittleren und Fräulein Ahr die kleinen.

Um die Zeit zwischen Schulschluß und Beginn des Konfirmandenunterrichts zu überbrücken, ging Herr Weismann mit uns ins Chinesische Viertel von Berlin. Dort gab es kleine Restaurants, die für wenige Brotmarken (der Krieg währte schon zwei Jahre) eine große Schale Reis verkauften. Dort lernten wir Schwalbennestersuppe, Bambusgemüse, Muscheln und andere fernöstliche Gerichte zu essen. Dazu nahmen wir im Erdkundeunterricht China durch, so daß alles zusammenpaßte, und es entstanden schön illustrierte Epochenhefte.

Besonders ist mir der Geschichtsunterricht von Herrn Weißert in Erinnerung geblieben. Er war ein begeisterter Griechenland-

Herr Weißert in der Berliner Straße

kenner und schilderte die Helden der Sagen und Geschichte so bildhaft, daß sie vor unseren Augen zu lebendigen Menschen wurden. Als ich nach 25 Jahren Griechenland bereisen konnte, lebten die Bilder aus dem empfangenen Unterricht wieder deutlich auf.

Im Juni 1941 luden meine Eltern Martha und Hans Konrad Delius Herrn Weismann mit seinen zwölf Schülern in unser Sommerhaus in Vitte auf der Insel Hiddensee ein. Für die Jungen wurde das Nachbarhaus dazu gemietet. Abwechselnd half eine der Elternmütter beim Kochen und Betreuen mit. Vormittags hatten wir Unterricht und nachmittags gab es viele Aktivitäten, wie Schwimmen, Malwettbewerb, Aale räuchern, Nachtwanderungen, in das neben uns liegende Haus von Asta Nielsen einsteigen, um „entartete Kunst" zu bewundern. Den Krieg nahmen wir nur als fernes Gegrummel am Horizont wahr.

Herr Weismann mit Schülern der 9. Klasse 1937/38

Doch nach vierzehn Tagen standen plötzlich Beamte der Wasserpolizei vor der Tür, um Herrn Weismann zu verhaften und zum Verhör nach Berlin zu bringen. Wie ein armer Sünder mit kleinem Köfferchen fuhr er im Polizeiboot davon. Wie wir später erfuhren, waren die anderen Lehrer in der Frühe desselben Tages in Berlin verhaftet worden.

Meine Eltern gestalteten bis in den August hinein den Unterricht weiter, denn für jeden von uns mußte erst einmal ein neuer Schulplatz gefunden werden. Mit einem ärztlichen Attest konnte ich nochmals zusammen mit wenigen anderen Kindern einen privaten Waldorfunterricht durch Frau Wieth in Berlin-Zehlendorf erhalten. - Der Krieg rückte immer näher. 1942 wurde auch dieser Unterricht beendet.

Christine Noack-Delius

Das Samenkorn

1934 im Sommer: Wir, meine Geschwister und ich, standen zum ersten Mal im Büro der Rudolf Steiner Schule Berlin-Charlottenburg und warteten auf unseren Klassenlehrer. Dieser erregende Tag ist deutlich im Gedächtnis geblieben - auch die junge, frohe, unbeschwerte, geradezu leicht beschwingte Lehrerin Lotte Ahr, die mich so selbstverständlich mit in ihre Klasse nahm.

Die anderen Tage und Jahre in der Schule bilden zusammen ein großes Bild voll Wärme und Begeisterung. Samstags brachten wir einfach die Rucksäcke ins Büro; nach dem Klingeln ging's auf große Wanderung. Wir schliefen irgendwo im Stroh, unserer jüdischen Kameraden wegen, denen die Herbergen der „deutschen Jugend" verboten waren. Eigentlich waren wir noch am Montag morgen etwas strapaziert, aber unsere Lehrer verdroß das nicht. Sie gaben einen um so lebendigeren Unterricht. Überhaupt: Langeweile gab es nicht. In keiner Ecke war etwas „Sauertöpfisches" zu entdecken. Phantasie, Improvisation, Begeisterung beherrschten die Szene. Und Moral? Eines Tages stand Fräulein Duberg, die einzige ältere Lehrerin, vor uns. Schaurig tobte sie los, die große schlanke Gestalt mit dem wehenden weißen Haarbusch - ein unvergeßliches Bild: „Wer hat zu einem meiner Jungen 'du alter Jude' gesagt?" Sie ballte die Fäuste, sie schrie, rannte bedrohlich auf und ab. Uns erstarrte das Blut in den Adern. Wie oft habe ich mir sagen müssen: „Was wäre wohl in Deutschland verhindert worden, wenn alle Lehrer so geschrien hätten?"

Und dann kam das Unvermeidliche: dieses furchtbare Abschiednehmen im Sommer 1938. Es war die traurigste Veranstaltung in unserer Gemeinschaft. Die Lehrer sprachen zu uns - jeder auf seine Art. Wir nahmen alles durch einen schweren Schleier wahr. Man schaute nach unten. Tränen brauchte niemand zu sehen. War wirklich alles zu Ende?

So ganz nun doch nicht. Ein paar Lehrer und wenige Kinder, solche, deren Eltern den Staat nicht fürchteten, wurden noch in kleinen Gruppen weiter „umgeschult". Dem Abbruch vorbestimmte Wohnungen wurden zunächst von uns besiedelt: Charlottenburger Ufer, dann Nähe Ernst-Reuter-Platz und schließlich gegenüber dem Rathaus Charlottenburg. - Frau Ahr unterrichtete ein Klässchen, wie auch Weißert und Weismann - die „Unverwüstlichen" von der alten Garde. Wir durften nur in Gruppen von höchstens sechs Schülern unterrichtet werden. Natürlich waren wir stets alle zwölf zusammen. Bis der Tag nahte, auf den wir allerdings vorbereitet waren: der Schulrat kam. Glücklicherweise schaute er zuerst nach den „Kleinen", so konnte das Geübte klappen: Bilder an den Wänden wurden umgedreht oder versteckt, auf den Tischen erschien harmlos dumm das »Geschichtsbuch für die deutsche Jugend«. Kurzerhand wurden sechs von uns abgezählt. Den Ranzen und die Schuhe in der Hand ging's leise, leise auf den Strümpfen die Hintertreppe abwärts - unbemerkt. Ebenso pünktlich und „unschuldig" kehrten wir zur ausgemachten Zeit zurück, um die erste Gruppe abzulösen. Jeder von uns mußte ein kleines Referat über ein nationalsozialistisches Thema halten. Es ging recht und schlecht. Ein Junge, der über die deutsche Luftwaffe berichten sollte, schnitt am besten ab. Welcher Junge kennt keine Flugzeuge? Auf die erstaunte Frage nach dem Woher des tadellosen Wissens kam die prompte Antwort: „Aus der Schule." Unvergessen bleibt mir Weismanns abwärts gesenkter Blick. Sicher hatte er keine Ahnung.

Es half aber alles nichts. Da es Krieg war - wir schreiben bereits 1941 - zog unsere Gemeinschaft für kurze Zeit den Fliegerangriffen davon auf die Insel Hiddensee. Die Freude dauerte nicht lange. Ein Polizeiboot landete im Hafen. Erich Weismann wurde mitten aus dem Unterricht abgeholt. Die Situation steht noch deutlich vor mir: Weismann, neben einem kleinen Köfferchen sitzend, an der Landungsstelle, das Motorboot noch angebunden. Er mußte warten. Wir brachten ihm seine Lebensmittelkarten - vielleicht hatte er sie ja noch nötig - und so warteten wir mit ihm. Auf eine weggeworfene alte Schiffskarte schrieb er mir eine Adresse auf, an die ich einen verschlüsselten Brief schreiben sollte mit der Nachricht über das, was ihm geschehen war. Noch sehe ich ihn in das Boot steigen, abfahren, uns stehend zuwinken - während ich die Fahrkarte in der Hand hielt. Auf dieser stand der Name: Hilde Herklotz.

Jedes Ende trägt auch den Samen für einen Neuanfang in sich. Einige Jahre später - nachdem der nationalsozialistische Spuk mit dem zerstörten Europa zu Ende gegangen war - gründete Erich Weismann zusammen mit Hilde Herklotz die Reutlinger Waldorfschule.

Anna-Sophia Bäuerle

Den 28. März 1938.

An die Eltern und Freunde der Rudolf Steiner Schule!

Der Schulschluss wurde, wie Sie ja schon von den Kindern erfahren haben, auf Dienstag, den 29. März 38, festgesetzt, da wir das Schulhaus räumen müssen. An diesem Tage werden die Kinder von uns entlassen werden.

Die von uns im August 1937 übernommene Umschulungsarbeit ist mit dem gewünschten Ergebnis abgeschlossen. Die zur Umschulung erforderlichen prüfungen sind allgemein bestanden worden, soweit das von uns jetzt schon überschaut werden kann.

Am 14.3.38 erhielten wir die Nachricht, dass der Freien Waldorfschule in Stuttgart die Weiterführung der Schule ab Ostern untersagt worden ist. Alle Schüler müssen zum neuen Schuljahr in andren Schulen angemeldet werden.

Uns Lehrern der Rudolf Steiner schule Berlin obliegt heute nur noch, Ihnen als den Eltern und Freunden der Schule aufs herzlichste zu danken für all Ihre Hilfe bei dem Aufbau und der Erhaltung der Schule. Dass solche fruchtbare Arbeit, wie sie durch die Pädagogik Rudolf Steiners möglich ist, nicht weiter fortgesetzt werden kann, ist eine Tatsache geworden, die uns mit tiefstem Schmerz aber auch mit tiefer Sorge erfüllt. Jeder, der mit der Schule verbunden war, kann die wirkliche Tragweite des jetzigen Geschehens ermessen. Wir stellen noch einmal fest, dass die Verantwortung für die Schliessung der Schule nicht auf denen ruht, die für die Schule gearbeitet haben.

Jetzt ist eines notwendig, dass wir alle die Ideen wahrhafter Menschenbildung in uns lebendig halten und pflegen, und dass

wir uns immer stärker besinnen auf die Quellen, aus denen allein
diese Ideen geholt werden können. In diesem Streben fühlen wir uns
weiter verbunden allen, welche diese Schule liebten.

                    Das Lehrerkollegium
                    der Rudolf Steiner Schule Berlin.

Die erste Rudolf Steiner Schule Berlin
1928 - 1938
(oder auch 1923 bis 1941)

70 Jahre Waldorfpädagogik in Berlin: genau genommen sind es 75 Jahre. Die erste Waldorfschule wurde zwar im Jahre 1928 vor 70 Jahren eröffnet; schon 1923 hatte aber der erste Unterricht auf Grundlage der Waldorfpädagogik begonnen: in von Jahr zu Jahr wechselnden Berliner Wohnstuben wurden kleine Gruppen von schulpflichtigen Kindern bis einschließlich der 4. Klasse in „Privatzirkeln" mit Genehmigung der Schulbehörden unterrichtet. [*Götz von Helmholt wurde in den „Zirkel" mit Urbeginn im Jahre 1923 eingeschult. Kurz vor Drucklegung dieser Festschrift stellte er der Redaktion erstaunlich detaillierte Angaben über den „Zirkel" aus seinem Gedächtnis zur Verfügung. Zum erstenmal erscheint damit etwas über diese Keimzelle der Waldorfpädagogik in Berlin in Druck* – siehe Seite 55.]

Seit Mai 1928 gibt es die eigentliche Rudolf-Steiner-Schule Berlin. Im ersten Jahr hieß sie schlicht »Freie Schule Berlin« und begann in einem Hinterhaus in der Genthiner Straße mit 56 Kindern in zwei Klassen (eine 1. Klasse mit 17 Kindern und eine kombinierte 2./3./4. Klasse mit 39) und zwei Lehrern, der jungen Magdalene-Ithwari Kiefel und dem lehrerfahrenen Herbert Schiele. Noch im Dezember desselben Jahres kam Annie Heuser als weitere Lehrkraft hinzu, und die Schiele Klasse wurde geteilt. Die wachsende Schule zog bald darauf in ein freigewordenes Schulgebäude in der Großbeerenstraße nach Kreuzberg. 1933 begann der Aufbau der Oberstufe mit dem ersten 9. Schuljahr durch den die Schüler begeisternden Mathematiker Robert Schiller.

Auf dem Hintergrund des bedrohlichen Zeitgeschehens gründeten die insgesamt acht Waldorf- bzw. Rudolf-Steiner-Schulen in Deutschland am 10. Mai 1933 in der Berliner Schule in der Großbeerenstraße 54 den »Bund der Waldorfschulen«. Einen Monat zuvor (am 7. April 1933) war das „Gesetz zur Wiederherstellung des Berufsbeamtentums" verkündet worden, welches alle politisch bedenklichen Beamten und alle Juden aus dem Staatsdienst entfernen sollte. Dieser Erlaß wirkte alarmierend, obwohl die Eingriffe in den Lehrplan geringfügig blieben. Der eigentliche Kampf um die Waldorfschulen war aber eingeleitet. In Stuttgart bestand der Kultusminister auf dem Ausscheiden von Lehrern nicht-arischer Abstammung. Die Stuttgarter Waldorfschule gab dem Druck im Frühjahr 1934 nach, und vier Waldoflehrer jüdischer Abstammung verließen die Schule. In Berlin trennte sich die Eurythmistin Lola Jaerschky vom Kollegium, um als Halbjüdin nicht die Schule zu belasten.

Im Februar 1934 zog die Rudolf-Steiner-Schule in ein größeres Gebäude in der Berliner Straße in Charlottenburg, nahe dem „Knie" (dem heutigen Ernst-Reuter-Platz). Für den Ausbau der Schule war das Gebäude in der Großbeerenstraße zu klein geworden.

Im Reichserziehungsministerium wurde der Erlaß zur Erstickung aller deutschen Waldorfschulen vorbereitet. Darin heißt es: „Die Waldorfschulen oder Rudolf-Steiner-Schulen ... sind nach der von ihnen vertretenen Weltanschauung, der Zusammensetzung ihres Lehrkörpers, ihrer Unterrichtsmethode und ihrem Charakter der Standesschule im neuen Staate nicht mehr tragbar. Die Unterrichtsministerien der Länder bitte ich, die Neuaufnahme von Kindern in die Waldorfschulen (Rudolf-Steiner-Schulen) zum Beginn des Schuljahres 1935 zu untersagen." Der schon am 17. November 1934 geplante Erlaß wurde wegen des Einschreitens von Ernst Schulte-Strathaus, zuständig für Kulturfragen im Amt Hess, jedoch nicht sogleich ausgefertigt. Nach einem handschriftlichen Vermerk auf dem oben zitierten Entwurf wurde in Aussicht genommen, die Waldorfschulen „wie alle übrigen Privatschulen zu behandeln". Erst über ein Jahr später wurde der Erlaß dann doch im ursprünglichen Wortlaut am 12. März 1936 vom Reichserziehungsminister Rust verfügt. Auch die Berliner Schule durfte zum Schuljahresbeginn zu Ostern 1936 keine neue 1. Klasse aufnehmen; ein Jahr später fehlten dann 1. und 2. Klasse. Dennoch schrieb Ernst Weißert, Lehrer an der Berliner Schule, 40 Jahre später: „Das Schuljahr 1937/38 begann trotz des Ernstes der Zeiten mit einem erfreulich blühenden Leben in der Schule. Sie umfaßte nun 418 Schüler."

<u>Geheim!</u>

Die Anthroposophie
und
ihre Zweckverbände

Bericht unter Verwendung
von Ergebnissen der Aktion gegen Geheimlehren
und sogenannte Geheimwissenschaften
vom 5. Juni 1941

1 9 4 1

Gedruckt im Reichssicherheitshauptamt

Kurz darauf wurden die Lehrer der Berliner Schule ultimativ aufgefordert, sich einzeln auf den Führer und Reichskanzler zu vereidigen und das Treuegelöbnis zu Adolf Hitler schriftlich zu bestätigen. Erich Weismann, Lehrer an der Berliner Schule, schreibt dazu: „Hier schieden sich die Geister: Die einen waren für ein unbedingtes Weitermachen - den Kindern zuliebe, die einem anvertraut waren. Die anderen mußten in diesem äußeren Kompromiß die Verleugnung, Verfälschung des innersten geistigen Impulses erblicken." Letztlich entschloß sich das Berliner Kollegium, kein Treuegelöbnis zu leisten und die Schule zu schließen. Am 26. August 1937 teilte das Berliner Kollegium seine Entscheidung der Waldorfschule in Stuttgart, der wegen einer positiven Stellungnahme von Rudolf Heß erst im Frühjahr 1938 die Genehmigung entzogen wurde, mit: „Hiermit möchten wir Sie darüber informieren, daß unsere Schule als Rudolf-Steiner-Schule mit dem heutigen Tage geschlossen wird. Eine wirtschaftliche Nötigung liegt nicht vor, sondern aus inneren Gründen fühlten wir uns zu diesem Schritt verpflichtet und teilen den Eltern und der Behörde mit, daß wir uns zur Schließung der Schule gezwungen sehen, um wahr zu bleiben dem Werk Rudolf Steiners gegenüber. Die Elternschaft hat in einer sehr besuchten Elternversammlung unseren Schritt mit dem richtigen Ernst und Verständnis aufgenommen.

Gegensatz zwischen Nationalsozialismus und Anthroposophie.

.... Deutschtum zu
.... suchen, muß jedoch eindeutig festgestellt werden,
daß eine Verbindung von anthroposophischen Gedankengän-
gen und germanisch-völkischer Weltanschauung unmöglich ist
und die Anthroposophie letzten Endes zur Zersetzung der
nationalsozialistischen Weltanschauung führen muß.

1. Die Anthroposophie steht im Widerspruch zur nationalsozialistischen Rassenlehre. Nach nationalsozialistischer
Auffassung beziehen sich die rassischen Vererbungsgesetze
nicht nur auf den Leib, sondern auf den ganzen Menschen,
auch auf Geist und Seele. Die Anthroposophie erkennt ebenso
wie die christliche Kirche im wesentlichen nur eine leibliche
Vererbungslehre an, in dem sie behauptet, daß lediglich der
Leib des Menschen von den Eltern stammt, Geist und Seele
aber aus dem Geisterreich in diesen Leib übersiedeln. Auf
Grund dieser rein äußeren Rasseauffassung muß die Anthroposophie auch zu einer internationalen pazifistischen Einstellung kommen. Leitsatz 1 der anthroposophischen Grundsätze
lautet: „Es können in der Gesellschaft alle diejenigen Menschen brüderlich zusammenwirken, welche als Grundlage eines
liebevollen Zusammenwirkens ein gemeinsames Geistiges in
allen Menschenseelen betrachten, wie auch diese verschieden
sein mögen in Bezug auf Glauben, Nation, Stand usw."

Auch die anthroposophische Lehre von den si...
turepochen steht im Widerspruch zur n...
Auffassung von der K...
germani...

Wir bereiten die Kinder zur Aufnahme in andere Schulen vor. Die Umschulung soll Ostern 1938 beendet sein."

Die Anthropophische Gesellschaft war schon im November 1935 verboten worden. Die Unvereinbarkeit von Nationalsozialismus und Anthroposophie wird in dem Bericht des Reichssicherheitshauptamtes von 1941 »Die Anthroposophie und ihre Zweckverbände« (mit dem Vermerk „Geheim!") an erster Stelle auf den Widerspruch zur Rassenlehre zurückgeführt: „Die Anthroposophie steht im Widerspruch zur nationalsozialistischen Rassenlehre. Nach nationalsozialistischer Auffassung beziehen sich die rassischen Vererbungsgesetze nicht nur auf den Leib, sondern auf den ganzen Menschen, auch auf Geist und Seele. Die Anthroposophie erkennt ebenso wie die christliche Kirche im wesentlichen nur eine leibliche Vererbungslehre an, indem sie behauptet, daß lediglich der Leib des Menschen von den Eltern stammt, Geist und Seele aber aus dem Geisterreich in diesen Leib übersiedeln. Auf Grund dieser rein äußeren Rasseauffassung muß die Anthroposophie auch zu einer internationalen pazifistischen Einstellung kommen."

Daß die Waldorfschulen nicht einfach wie die Anthroposophische Gesellschaft verboten wurden, lag u.a. an der Tatsache, daß eine plötzliche Schließung den örtlichen Behörden die Eingliederung der Waldorfschüler auferlegt hätte. Das progressive Abwürgen durch die Schüleraufnahmesperre war der bequemere Weg für Rust.

Der Versuch der Rudolf-Steiner-Schule Berlin, nach der Selbstschließung wenigstens die unteren Klassen als „Vorbereitungsanstalt für höhere Lehranstalten" weiter zu unterrichten, schlug fehl. Als „Umschulungskurse" wurden dann aber die 3. und 8. Klasse (ab Ostern 1938 4. und 9. Klasse) sogar ziemlich geschlossen über ein Jahr weitergeführt. Auch für weitere Schüler (insgesamt waren es 70 bis 80) wurde das Verbleiben ermöglicht, insbesondere für die jüdischen Kinder, die großteils vor der Auswanderung eine Umschulung vermeiden wollten. So kam es, daß die Umschulungskurse der ehemaligen Rudolf-Steiner-Schule nach langem Suchen am Charlottenburger Ufer in einem alten Gebäude einer privaten Nervenheilanstalt, das jahrelang als Finanzamt gedient hatte, eine Unterkunft fanden. Der Abbruch war durch Führerbefehl schon angeordnet, da dort durch Neubauten der Monumentalrahmen für künftige Paraden und Siegesfeiern geschaffen werden sollte. Als dann der Abbruch begann, zog man in den obersten Stock eines Vorderhauses um. Die Umschulungskurse endeten erst am 1. April 1939. Danach unterrichteten drei Kollegen noch Attest-Kinder auf privater Basis weiter. Nach dem Gesetz war ein solcher Unterricht mit bis zu fünf Kindern möglich; sie mußten ein amtsärztliches Zeugnis vorlegen, daß sie nur in kleineren Kreisen unterrichtet werden könnten. Im Zuge der Gestapoaktion im Juni 1941 wurde Erich Weismann aus einer privaten Unterrichtstätigkeit heraus verhaftet. Im Gefängnis am Alexanderplatz traf er dann auf seine zuvor verhafteten Kollegen Ernst Weißert und Lotte Ahr. Sie waren wegen „Fortführung einer verbotenen Pädagogik" ins Gefängnis gekommen. dh

Ein ehemaliger Schüler, Joachim C. Lenz, erinnert sich an die Schicksale einiger Mitschüler

Rudolf Steiner Schule Berlin 1932. Klasse von Frl. Kiefel

16 Edith Fraenkel – als Jüdin wegen bewußter Sabotage im Rüstungsbetrieb zum Tode verurteilt und hingerichtet

2 Michael May – gefallen 1943 vor Sebastopol / Krim

1 Wolfram Knothe - gefallen am 12. 4. 1945 bei Gießen
3 Peter Rubel - ausgewandert 1934
4 Frl. Kiefel, von 1928 an Klassenlehrerin. Nach dem Krieg Mitbegründerin der Rudolf Steiner Schule in Ottersberg
5 Dr. Anselm Basoldt - Mitbegründer des Gemeinschaftskrankenhauses Herdecke
6 Joachim C. Lenz - Wirtschaftsredakteur, Bankier
7 Herbert Blume - ausgewandert nach Tel Aviv 1934
8 Anneliese Missler - als Grafikerin dienstverpflichtet bei der Organisation Todt, durch Tieffliegerangriff 1944 ums Leben gekommen.
9 Wanda Katzenellenbogen - ausgewandert ?
10 Karin Wachsmuth - Grafikerin
11 Roswitha Fournes - ihr Vater war Konzertmeister in der Berliner Philharmonie
12 Inge Korach - ausgewandert nach den USA
13 Albrecht Dellnig - gefallen
14 Dr. Ingeborg Hanack - verheiratet mit Botschafter a. D. Berger
15 Marianne Landsberg - wohl abtransportiert
17 Hans Peter Schewe-Mendelson - nach Südamerika ausgewandert
18 Renate Lepère - 1934 nach Mallorca ausgewandert
19 Georg Wechsler - 1933 / 34 nach England ausgewandert

Farbstimmung: Frühling, Sebastian Reuter (10. Klasse, Rudolf Steiner Schule)

Nach dem Krieg ...

Tagebuchnotizen und Erinnerungen aus unserer Schulzeit

Nach unserem ersten Schultag in der im Schuljahr 1948/49 eröffneten Rudolf-Steiner-Schule in Berlin-Dahlem sind meine Schwester und ich wie beschwipst nach Hause gekommen, so begeistert waren wir von unserer neuen Schule.

Das Malen mit flüssigen Wasserfarben, Eurythmie- und Flötenunterricht waren etwas ganz Neues für uns. Der Rundgang durch unsere Fünf-Klassen-Schule mit unserem reizenden Fräulein Krüger (Frau Turetschek) endete im „Hades", wie sie damals meinte, im Keller, wo wir später Schnitzunterricht erhielten.

Die besondere Atmosphäre unserer Schule, die Aufbruchstimmung und die liebevolle Zuwendung unserer Lehrer hat uns durch Kriegs- und Nachkriegsjahre nicht gerade verwöhnten Kindern außerordentlich gut getan. Die ersten Monats-

feiern und Konzerte zugunsten unterstützungsbedürftiger Schüler fanden statt.

Als Frau Rothe, die damalige Leiterin unserer Schule, drei Jahre später unsere Klasse übernahm, hagelte es viele Standpauken. Wir Mädchen gickerten so viel, daß wir häufig vor die Tür geschickt wurden. Anders war unseren Lachanfällen wohl auch nicht beizukommen.

Im Mai 1953 fand für unsere Klasse ein gelungenes Frühlingsfest statt. Unsere so liebenswürdige und zarte Eurythmielehrerin, Fräulein Jaerschky, und unser Turnlehrer, Herr Pinzler, dem die Begeisterung für den Sport nur so aus den Augen blitzte, hatten uns noch weitgehend tanzunerfahrenen Teenies einige Stunden Gesellschaftstanz erteilt. Sie führte dann auch die Eingangspolonaise singend durch das Schulgelände an und hinauf in den mit Birkenzweigen geschmückten Eurythmiesaal des inzwischen errichteten zweiten Schulgebäudes.

Mit unseren Saftgläsern prosteten wir einem schon in den harten Lebenskampf getretenen Mitschüler zu, der in einem blauen Anzug erschienen war. Ich war glücklich mit einem gelb-weiß gestreiften Sommerkleid aus einer Kleidersammlung, die unsere Schule aus Amerika erreichte.

Katja Düll

Farbstimmung: Sommer

Mein prägendstes Erlebnis in der Waldorfschule

Als Volksschulkind einer „normalen" Schule kam ich weder mit den strengen Erziehungsmethoden der Lehrer, noch mit der rüden Art meiner Mitschüler und somit mit dem Unterrichtsstoff zurecht. Als ich dermaßen litt, jeden Morgen in die Schule gehen zu müssen, gab eine befreundete Anthroposophin den Rat, mich in die Waldorfschule an der Clayallee einzuschulen. Ich bekam auch einen Platz in der 4. Klasse bei Fräulein Gaedke. Sie, die Schule, die Art des Lehrens, der kreative Lernbereich, hat mir gut gefallen, doch mit den Mitschülern gab es dieselben Probleme wie in der vorherigen Schule. Kinder können sehr grausam sein, besonders in diesem Alter. Ich wurde völlig ausgeschlossen von der Klassengemeinschaft, Zettel mit Gemeinheiten wurden mir zugesteckt, am Pausenhof stand ich immer allein, und viele Dinge, die ein Schülerdasein vergällen, folgten.

Meine Mutter wand sich in Ihrer Verzweiflung an Frl. Gaedke. Und eines Tages nach Unterrichtsende bat sie alle Schüler bis auf mich, dazubleiben, um mit ihnen zu sprechen.

Als ich am nächsten Morgen in den Bus stieg, riefen einige Mitschüler meinen Namen und baten mich, zu ihnen zu kommen. Statt Bosheiten zeigten sie mir irgendwelche Lieblingsbücher und redeten sehr freundlich mit mir. Ab diesem Tag ging mein Beliebtheitsgrad steil nach oben. In der Nürnberger Schule war ich dann die letzten Jahre Klassensprecherin, und in beiden Schulen fand ich viele Freunde, die mir heute noch sehr verbunden sind.

Ich weiß bis heute nicht, was Frl. Gaedke Wundersames der Klasse gesagt hat, vor allem, was sie in ihrer Sympathie so schnell umgestimmt hat. Ich weiß aber, daß ich ihr sehr dankbar bin, ohne sie hätte ich nicht so eine Offenheit anderen Menschen gegenüber erreicht. Wenn es auch nicht meinen ausgeübten Beruf geprägt hat, so auf jeden Fall meinen Umgang mit anderen und mein Menschenbild.

Sabine Porst

Feldmessen 1953

Nach den Sommerferien im Jahr 1953 sollte die erste Feldmeßepoche einer 10. Klasse der Rudolf Steiner Schule nach dem Kriege stattfinden. An eine Feldmeßfahrt - wie sie heute üblich ist - war damals nicht zu denken.

Wir schulterten unsere Geräte und zogen mit ihnen die Clayallee entlang in Richtung Königin-Elisabeth-Straße. Der Grunewald reichte damals bis an die Straße. Daß aber bereits Bebauungspläne bestanden, stellten wir fest, als wir gefragt wurden, ob wir vom Vermessungsamt kämen, um die Grundstücke zu markieren. Unser Umgang mit Theodoliten, Meßtischen, Diopterlinealen, Kanalwaagen, Winkelprismen und Bussolen schien jedenfalls professionell zu wirken.

Christine Bentert, geb. Schruteck

Farbstimmung: Herbst

Der Blick in die „gute alte Zeit"?

Da man beim Blick in die Vergangenheit gerne leicht ins Beschönigen kommt, möchte ich vorwegschicken, daß ich erst 1992 die Rudolf Steiner Schule verlassen habe.

Zugegebenermaßen, ich war vielleicht manchmal ein zu positiver Schüler und hatte für die Probleme der Schule zu wenig Sinn. Dennoch war für mich die Oberstufenzeit mein eigentliches Zuhause. Natürlich lag dies auch an einzelnen Lehrern, die für meine Begriffe auf fabelhafte Weise ihre Epochen unterrichteten: Deutsch, Geschichte, Kunstgeschichte bzw. Architektur, Politik - um nur einige zu nennen. Daneben waren für mich die künstlerischen Fächer (insbesondere Malen, Eurythmie und Buchbinden) besonders herausragend.

Das schönste der Schuljahre aber war zweifellos das 12. Schuljahr. Nicht nur die Fachstunden rundeten sich ab (so z.B. die Krumme und die Gerade, die man in der ersten Klasse im Formenzeichnen malte, nun mit mathematischen Formeln zu berechnen). Abschließende wesentliche Blicke wurden in den verschiedenen Epochen (wie z.B. der Faustepoche) auf die Fachgebiete geworfen. Klassenspiel und Klassenreise bildeten auf ihre Weise einen Höhepunkt im gemeinschaftlichen Miteinander und im gemeinsamen Erleben besonderer Ereignisse.

Was blieb nun übrig?

Ich denke, Wesentliches dadurch, daß ein vielseitiges Interesse für das Leben und die Weltentwicklung überhaupt geweckt wurde. Nicht, daß ich behaupten würde, in mehreren Fachbereichen zum Könner geworden zu sein. Dennoch habe ich mir seit der Architekturepoche einen Blick für Proportionen und Formen an Gebäuden angeeignet; aus der Geographie ein kritisches Denken gegenüber den heutigen Wirtschaftsformen, aus der Geschichte das Interesse für die wesentlichen Ereignisse der Vergangenheit.

Und nicht zuletzt bin ich zum freudigen Theater- und Konzertgänger geworden. Zugegebenermaßen waren die Sprachen und Naturwissenschaften bei mir etwas unterentwickelt. Für andere Klassenkameraden waren sie dagegen „die" Fächer. Im Ganzen gesehen war für mich persönlich die Schulzeit, insbesondere die Oberstufenzeit, die bisher schönste Zeit des Lebens.

Anke Schupelius, geb. Weser

Farbstimmung: Winter

Begegnung durch Tun / Selbständiges Schreiben

Einige Erfahrungen und Erlebnisse, die zur „Grundausstattung" eines jeden Waldorfschülers gehören, möchte ich hier, rückblickend auf meine 13jährige Schulzeit (plus Waldorfkindergarten), als besonders eindrücklich und für mich persönlich sehr wichtig hervorheben. Da wären z.B. die diversen Praktika zu nennen: Landwirtschaftspraktikum, Feldmessen, Astronomiefahrt und das Sozialpraktikum, das ich selbst in einem Behindertendorf im Staat New York verbracht habe. Diese Unternehmungen gaben nicht nur Einblicke in vier grundsätzlich verschiedene Tätigkeitsfelder, sondern sie sorgten vor allem für neue zwischenmenschliche Begegnungen; nicht nur zwischen uns Schülern. Wir hatten ein geniales Begleiterteam bei dem Feldmeß- und Astronomiepraktikum, bestehend aus Lehrern und ehemaligen Schülern. Die Zusammenarbeit bzw. das Hinarbeiten auf ein gemeinsames Ziel klappte hervorragend. Eigentlich haben wir es der Arbeitsatmosphäre zu verdanken, daß wir uns alle viel besser kennenlernten. Im Unterschied zu den oben genannten Reisen führte unsere Abschlußfahrt in der 12. Klasse in die Türkei: Tourismus pur! Wir übernachteten in Hotels und nahmen uns eigentlich kaum gegenseitig wahr. Bei gemeinsamen Ausflügen trennte sich die Klasse sehr schnell in einzelne Gruppen. So kann ich abschließend nur sagen, daß uns die gemeinsame Arbeit verbunden hat und nicht das Besichtigen von Altertümern. Darum wäre mein Vorschlag, auch in der 12. Klasse *Projekte* anzugehen.

Zum Abschluß möchte ich noch einen wichtigen Aspekt aus dem Schulalltag hervorheben (schließlich haben wir unsere Zeit nicht nur mit Praktika verbracht): das selbständige Epochenheftschreiben statt Lehrbuchrezeption - oft ein Kritikpunkt, da sich die Waldorfschulen in dieser Hinsicht extrem von den staatlichen Schulen unterscheiden. Ich kann nur sagen, daß ich durch das Epochenheftschreiben gelernt habe, mir selbständig Themen zu erarbeiten und vor allem gelernt habe, mich schriftlich auszudrücken. Das, was im Unterricht besprochen wurde, haben wir mit Hilfe von Stichpunkten festgehalten, und zu Hause wurde daraus ein Text formuliert. Logischerweise traten dabei dann immer wieder Fragen auf. Tja, was nun? Wir haben ja, wie gesagt, kein Lehrbuch, das uns durch den Unterricht führt und als Nachschlagewerk dienen kann. Ich fühlte mich gezwungen, in Bibliotheken zu gehen und mir die verschiedensten Bücher zu dem gerade zu behandelnden Thema auszuleihen oder einfach am nächsten Schultag meine Fragen zu stellen, was ich aber oft nicht als ausreichend empfand. Meiner Ansicht nach kann man sich erst durch eigenständiges Lesen, Schreiben und Vertiefen ein Thema wirklich „zu eigen" machen.

Lernkonsequenz: Selbständiges Schreiben fordert genaue Formulierungen und offenbart Unklarheiten.

Ulrike Wagner

Geburtstagsgrüße
aus Moskau

Der Rudolf Steiner Schule in Berlin wünsche ich zu ihrem 70. Gründungstag alles Gute. Ich fühle mich dieser Schule seit den für die Geschichte Deutschlands und Berlins so ereignisreichen Jahren 1986 - 1990, als unsere Kinder diese Schule besuchten, und ich selbst das Zusammenleben und -wirken von Lehrern, Eltern und Schülern mitgestalten konnte, besonders verbunden. Diesen Jahren und dieser Schule danke ich eine Erfahrung, deren Richtigkeit sich mir seitdem oftmal bestätigt hat: „Wenn ich will, daß sich etwas ändert, muß ich Verantwortung übernehmen wollen." In meiner jetzigen Tätigkeit als deutscher Botschafter in Moskau hatte ich im Blick auf den so ungeheuren schwierigen Gestaltungsprozeß in Rußland mehrfach Gelegenheit, Menschen in verschiedenen sozialen Stellungen Mut zu machen, auch als einzelne den Wandel zum Besseren beginnen zu wollen. Unsere Zeit braucht Men-

schen, die soziale Verantwortung tragen wollen, gleich in Deutschland wie in Rußland, überall. Die Waldorfschulen haben Jugendliche wie Erwachsene stets hierauf hingewiesen. Ich wünsche der Jubilarin, daß sie in vielen vor ihr liegenden Jahren und Jahrzehnten immer wieder jungen Menschen deutlich machen kann, wie sehr es auch auf den kleinsten Beitrag eines jeden einzelnen zur Lösung der großen sozialen Aufgaben ankommt. Mögen die Waldorfschulen in Berlin in der Arbeit für dieses Ziel allezeit die nötige Unterstützung der politischen und sozialen Umwelt und die rechte Aufnahmebereitschaft bei Lehrern, Eltern und Schülern finden.

Dr. Ernst–Jörg von Studnitz
Deutscher Botschafter
Moskau

Dr. von Studnitz wollte seine Grußworte mündlich in der Philharmonie zur Eröffnungsfeier „70 Jahre Waldorfpädagogik in Berlin" vortragen. Weil andere Pflichten seine Anwesenheit verunmöglichten, wurden diese schriftlichen Geburtstagswünsche in letzter Minute noch in diese Festschrift aufgenommen.

In den Jahren 1986-1990 war Dr. von Studnitz bei der Ständigen Vertretung der Bundesrepublik Deutschland in der DDR tätig und wohnte in Ost-Berlin. Um die Rudolf Steiner Schule zu besuchen, passierten seine Kinder täglich zweimal auf diplomatischem Wege den Grenzübergang Bornholmer Straße. Herr von Studnitz war in dieser Zeit auch aktives Mitglied im Kuratorium der Rudolf Steiner Schule.

Kopf - spontane Arbeit in einer Vertretungsstunde, 9. Klasse
Relief - Übung zu den plastischen Grundelementen konvex - konkav,
erste bewegte Begegnung von verschiedenen Formelementen

40 Jahre Klassenlehrertätigkeit: Ein Rückblick

Vierzig Jahre Klassenlehrertätigkeit an der Rudolf Steiner Schule in Berlin - und nun im Ruhestand - machen es möglich, mit etwas Abstand auf diese Zeit erinnernd zurückzublicken und einige Gedanken für das Heute und Morgen damit zu verbinden.

„Waren die Kinder damals, als Sie 1957 Ihre erste Klasse übernahmen, anders als heute im Jahre 1998"? Diese Frage wurde mir in letzter Zeit immer wieder gestellt. Im Grunde muß ich bekennen, daß es mir nicht möglich sein wird, objektiv zu antworten, vor allem deswegen nicht, weil sich auch *meine* Ansichten und Welteinsichten im Verlauf dieser Zeit verändert haben.

In meine erste Klasse gingen 1957 schon nach kurzer Zeit 42 Kinder. Sie saßen auf den festen Schrägbänken dicht an dicht, für Bewegungsspiele gab es keinen Platz. In der kleinen Garderobenecke saßen zudem recht häufig hospitierende Kollegen. Meine große Kinderschar wurde stets als Gesamtorganismus angesprochen, nicht nur im Hauptunterricht, sondern auch in den Fremdsprachen und in der Eurythmie. (Auch ich frage mich heute: „Wie war das nur möglich?!")

Auch sonst sah es in der ganzen Schule anders aus als heute! Es gab kaum naturwissenschaftliche Sammlungen, keine Arbeitsgemeinschaftsräume, keinen Musiksaal, keine Turnhalle und keinen Saalbau. Dort, wo heute unser Saal mit den ansteigenden Sitzplätzen die Klassen zusammenführen kann, befand sich eine Waldwiese mit blühenden Blumen.

Alles war enger, kleiner, bescheidener - sich des Anfanges bewußt - und wohl auch persönlicher. Es gab eine ganze Anzahl von Eltern, denen es auch aus persönlicher Erfahrung wichtig war, hier in Berlin wieder eine Waldorfschule, nun aber für ihre Kinder, haben zu dürfen, da sie selbst ihre Schulzeit ab 1938 nicht in der ersten Rudolf Steiner Schule hatten beenden dürfen. Der Wille, eine solche Schule zu gründen, zu bauen, zu tragen - gegen alle äußeren und inneren Widerstände -, durchzog auch 1957 noch das gesamte Schulleben und setzte sich dann in den Neubau-Zeiten weiter fort.

Persönlicher Einsatz, enges Beieinander, Aufbauwille und Zusammen-

rücken bedeuten allerdings nicht automatisch mehr Zuwendung für das Kind. Diese mußte damals genau wie heute von den Menschen geschaffen werden, die mit den Kindern arbeiteten. Begegnen wir Menschen, die die Menschenkunde Rudolf Steiners lebendig in die pädagogische Arbeit einfließen lassen, sie praktizieren, dann spüren wir die Begeisterungs- und Erneuerungskräfte auch in uns wachsen. Sie entbinden uns zwar nicht von der eigenen Suche nach Erkenntnis, sie sind aber impulsgebend, und deswegen empfinde ich sie als so wesentlich.

Als Bild dafür steht mir die grüne Pumpe in Großmutters Garten vor Augen: wenn kein Wasser mehr floß, weil sie längere Zeit nicht bewegt worden war, so genügte es, eine Büchse voll Wasser aus dem Regenwasserfaß von oben her zuzuführen, und das klare Grundwasser konnte wieder aus der Tiefe geholt werden. Begeisterung und Liebe zum Tun können wir bei Vorträgen, Tagungen, Ausstellungen, thematischen Elternabenden, Kursen, Klassenbegleitungen, Klassenspielen und Schulkonzerten einatmen; uns Lehrern ist das zusätzlich bei den gemeinsamen Konferenzen oder Einzelgesprächen über unsere Tätigkeit „vor Ort" und natürlich vor allem in der Arbeit mit den Kindern möglich. Aber nehmen wir das noch wahr? Oder verdecken Alltagssorgen, Überbelastung - wo auch immer - unsere Quellen der Belebung?

Und wie sah es in den Klassen der fünf Durchgänge aus, in denen ich an unserer Schule tätig war? Haben sich die Kinder total verändert? Grundsätzlich: nein! Immer schon gab es da die nach allen Seiten hin beweglich-fröhlichen, die die Lehrernerven strapazierend aufbrausenden, die stets in sich die Verantwortung suchenden oder die pedantisch genauen, aber langsam sich bewegenden, schon im Unterricht sich nach dem Frühstücksbrot sehnenden Kinder.

Stets gab es leistungsorientierte Schüler und solche, deren Wille zur Leistung erst noch erwachen mußte. Da gab es immer die stillen und kessen, die blassen und rotbäckigen, die etwas kränklichen und die vor Gesundheit strotzenden Schüler. Die zunehmenden Zivilisationsmerkmale wie zuviel Information, zuviel Licht, zuviel Lärm, zuviel Streß in der Umwelt, zuwenig Zeit und Raum zum Spielen usw. haben die Kinder allerdings miteinander sensibler, nervöser und sich mehr nach Ruhe und Geborgenheit sehnend ge-

macht, und dieses unabhängig von Intelligenz, Begabung, Leibeskraft, Temperament und Erziehungsweg des Einzelnen.

In meiner Kindheit erlebte ich wirklich noch Pferd und Wagen; auch die Möbelwagen wurden von Pferden gezogen. Der Kaufmann verkaufte noch Butter aus dem Faß, mußte abwiegen und ausrechnen. Das Feuer prasselte wirklich noch im Ofen, der Prozeß des Anzündens war kein einfacher. Elementares konnte ich erleben, im Spiel nachahmen und Weltenzusammenhänge in einfacher Form aufnehmen. Bedenkt man einmal konsequent, was heute alles per Knopfdruck geschieht, für den wahrlich keine elementaren Grundkenntnisse mehr nötig sind, dann offenbart sich, warum dem Erzieher eines Kindes heute neue Aufgaben zuwachsen. Mit Phantasie und Erkenntnisarbeit müssen methodische und didaktische Wege gefunden werden, damit den Menschen und somit der Menschheit elementare Erfahrungswerte, Wahrnehmungswerte nicht verloren gehen.

Die Kinder erscheinen mir in den letzten zehn Jahren einerseits wacher, kritischer, fordernder, scheinbar selbstbewußter (die Umwelt ist es ja auch), andererseits willensgeschwächter, träumender, unsicherer, vertrauensloser als früher (die Umwelt ist es ja auch). Dieses Auseinanderklaffen schreit geradezu nach Harmonie, wenn der Mensch zu einer Persönlichkeit heranwachsen soll. Diese Harmonie ist durch künstlerisches Arbeiten durchaus zu erreichen. Ein Blick auf den Stundenplan genügt, um zu zeigen, wie dankbar wir für die Vielfältigkeit der einzelnen künstlerisch-handwerklichen Fächer sein dürfen. Vergessen wir darüber nicht, daß neben Musik, Malerei usw. von Rudolf Steiner angeregte Erziehungskunst auch in allen anderen, wissenschaftlichen oder sprachlichen, Fächern wirksam sein sollte. Das bedeutet: Umwandlung des Lehrstoffes in „Entwicklungs-Nahrung" für den heranwachsenden Menschen.

Nach wie vor sehe ich in den heutigen Klassen, daß die Altersstufen ihr spezielles Lernfutter benötigen und auch dankbar annehmen. So wirken selbstverständlich die Urbilder der Märchen bei den Lernanfängern von sich aus, aber um so mehr, wenn sie mit der ganzen Seele und im Wissen um dieselben erzählt werden.

Wir Erzieher sind aufgerufen, mit noch mehr Bildekraft, exakter Phantasie, mit noch mehr Können in Didaktik und Methodik zu intensiverer Durchdringung des Lehrstoffes vorzustoßen, um noch begeisternder vor unseren Kindern stehen zu können.

Und in Zukunft?

Das voneinander Lernen und Gestalten bringt mehr Kraftgewinn als das Verteilen von Lasten.

Wenn ich, als langjähriger Vertrauenslehrer, miterlebte, wie manchmal Eltern das Gefühl haben mußten, daß ihre Fragen nicht verstanden, nicht gehört, nicht beantwortet wurden, daß Mißverständnisse nicht oder zu spät aufgeklärt werden konnten, da sich keine Zeit fand und Lehrer derart überlastet waren, daß ihre Kräfte nur unter Opferung der Gesundheit ausreichten, um der pädagogischen Aufgabe noch gewachsen zu sein, und sich Eltern aus diesem Grund nicht getrauten, ihre Sorgen zu äußern, wenn das gegenseitige Vertrauen in das positi

Besuch von Monatsfeiern (in denen mein Kind nicht auftritt), von Konzerten des Schulorchesters (in dem mein Kind noch nicht mitspielt), Besuche von Kursen (bei Themen, die zur Zeit noch nicht aktuell sind), bei Abschlußspielen der 8. und 12. Klassen (obwohl mein Kind erst in etlichen Jahren spielen soll), mehr Hospi

Eine Streitkultur ist unbedingt zu entwickeln, wenn unsere Kinder von uns lernen sollen, wie Gegensätze überwunden werden können.

ve Denken des Anderen sich erschüttert zeigt, dann ist es mir unmöglich, eine Veränderungsnotwendigkeit zu verneinen.

In all den Jahren der Mitarbeit habe ich aber erleben dürfen, daß das Bemühen um solche Veränderungen in den Köpfen und Herzen der Kollegen und der jeweiligen Elternschaft lebt. Es sind zudem Aktivitäten erwacht, die Bewegung in Erstarrtes bringen werden und schon brachten.

Wie durch praktisches Tun noch mehr Veränderung bewirkt werden könnte, wo sich noch mehr Bewegung zeigen müßte, erlaube ich mir, in stichwortartiger Form an den Schluß meiner Gedanken zu stellen.

1. Die Strukturen der (für die Waldorfschule unerläßlichen) Selbstverwaltung sollten neu überdacht werden. Die Gremien sollten personell verkleinert, die Verantwortung derselben gestärkt werden. Der einzelne Lehrer muß freier werden für pädagogische Gespräche, für die Vorbereitungszeit, für Maßnahmen der Weiterbildung und der Erhaltung der Gesundheitskräfte.

2. Die Gestaltung von Festen sollte noch bewußter genutzt und aktiviert werden. Das bedeutet noch mehr künstlerische wie organisatorische gemeinsame Vorbereitung durch Eltern *und* Lehrer. Das Voneinander-Lernen und Gestalten bringt mehr Kraftgewinn als das Verteilen von Lasten.

3. Bei Unstimmigkeiten sollten die geschaffenen Institutionen (Vertrauenskreise bzw. Einzelpersönlichkeiten, die zur Verfügung stehen) mehr zur Vorbereitung der notwendigen Gespräche genutzt werden. Eine Streitkultur ist unbedingt zu entwickeln, wenn unsere Kinder von uns lernen sollen, wie Gegensätze überwunden werden können.

4. Mehr überklassliche Wahrnehmungen sollten gepflegt werden. Der

tation der Lehrer in anderen Klassen, um die Andersartigkeit der anderen Klasse wahrnehmen zu können, mehr individuelle klassenspezifische Stundenpläne (die z.B. entstandene Defizite durch Verstärkung eines bestimmten Faches ausgleichen können), die Suche nach einer Neuorganisierung der Klassen 8 bis 10, um dem Übergang von der Mittel- zur Oberstufe besser begegnen zu können u.a..

Wenn das geschafft würde, wären die bekannten Parkplatzgespräche nach Elternabenden nicht mehr nötig.

Mit Dankbarkeit blicke ich auf die vielen Jahre der Arbeit mit gleichgesinnten und gleichgestimmten Kollegen zurück, auch wenn es unterschiedliche Auffassungen von dem Weg zum Ziel gab. Fehler und Irrwege meinerseits gehörten gewiß auch dazu. Sie gaben mir die Möglichkeit, das Bessere zu erkennen und auch anzustreben.

Es gilt daher, immer wieder neuen Mut zu fassen, um auch in Zukunft dem Heranwachsenden einen Weg ebnen zu können, damit er seinen individuellen Weg finden und gehen kann.

Helmut Kalo

1952

Die zweite
Rudolf Steiner Schule
Berlin ...

weit. Vorbedingung für die Genehmigung sowie für eine finanzielle Unterstützung war gewesen, eine „staatliche Versuchsschule" zu werden. Schon die erste Schule hätte eine staatliche Versuchsschule werden können, hatte es aber, trotz erschwerter Bedingungen, vorgezogen, vom Staat unabhängig zu bleiben.

Die Stadt Berlin wurde dann aber über Nacht Anfang Dezember 1948 mit ihrem gesamten Verwaltungsapparat in West- und Ost-Berlin getrennt. Nun war nicht mehr Herr Stadtrat Wildangel im Rathaus am Alexanderplatz, mit dem die Gründungsmodalitäten ausgehandelt worden waren, für die Rudolf-Steiner-Schule zuständig, sondern Herr Stadtrat May (Westsektoren). Er erklär-

1945 waren die Lehrer des ersten Berliner Kollegiums in der Welt verstreut und halfen u.a., die Waldorfschulen in Ottersberg, Reutlingen und Edinburgh zu gründen. Lola Jaerschky schreibt in der Festschrift zum 40jährigen Bestehen der Schule im Jahre 1968: „In Berlin selbst mußte ganz neu begonnen werden. Es begann 1946 eine intensive Vorbereitungsarbeit, um trotz der damals noch isolierten und unsicheren Lage der Stadt, trotz des Mangels an erfahrenen Lehrkräften die Rudolf-Steiner-Schule wieder zu begründen."

Am ersten Advent 1948 war es dann so

te, daß für eine staatliche Versuchsschule bei ihm kein Geld vorhanden sei und sie somit nicht eröffnet werden könne. Die bisherige Vorbedingung für die Genehmigung, staatliche Versuchsschule sein zu müssen, durfte allerdings wegfallen.

Durch Wochen mußten nun mit allen Eltern der 150 Anfangsschüler einzeln Gespräche geführt werden, um die Enttäuschung menschlich abzufangen, daß es keine elternbeitragsfreie Rudolf-Steiner-Schule geben würde, und um einen regelmäßigen Schulbeitrag zu erbitten. Frau Ella Rothe, Lehrerin an der ersten sowie der zweiten Schule, schreibt dazu: „Das war alles sozial nicht einfach. Die meisten Eltern standen damals, so kurz nach dem Krieg ... in Berlin, selbst noch in größten Schwierigkeiten mit dem Aufbau ihres Berufslebens und ihrer gesamten Existenz. Selbstverständlich mußten alle Mitarbeiter der Schule mit einem Existenzminimum zurechtkommen." So nahm dann die Schule ohne Zuschüsse in den ersten Januartagen 1949 ihre Arbeit mit fünf Klassen wieder auf, in zwei Wehrmachtsbunkern auf dem Eckgrundstück Clayallee - Auf dem Grat, von denen aus das Oberkommando der

... 1948 bis heute

Wehrmacht bis in die letzten Kriegsta-
ge hinein noch Befehle erteilt hatte.
Basare, gespeist durch Spenden aus
Amerika, halfen, etwas Geld einzubrin-
gen. Der Vereinsvorsitzende erklärte
allerdings einmal in einer Sitzung, daß
„er den wirtschaftlichen Bankrott der
Schule anmelden müsse". Die anderen
Vereinsmitglieder konnten ihn von seinem Entschluß wieder abbringen.

Trotz all dieser widrigen Umstände war
die Schule 1956 zu einer 12klassigen
Waldorfschule herangewachsen.
1957 konnte das erste Abitur abgelegt
werden. Die beiden gemieteten
Wehrmachtsbunker waren in der Zwi-
schenzeit um- und ausgebaut worden,
so daß die vollausgebaute Schule, wenn
auch sehr beengt und notdürftig, darin
unterkommen konnte. Durch das Aufsetzen eines Dachgeschosses auf
den später wieder abgerissenen Bunker Clayallee 128 konnte unter
großen finanziellen Opfern ein größerer Raum geschaffen werden, der
etwa ein Jahrzehnt der größte Raum der Schule blieb und als Eurythmie-
raum und 'viel zu kleiner' Festsaal diente. Die Nutzung des Geländes
durch die Schule war auch nicht unangefochten: „Ein siebenjähriger
Prozeß, angestrengt durch die Grundstücksnachbarn, die ihre Ruhe
gestört und den Wert des Grundstücks gemindert sahen, konnte schließlich nur durch den Verzicht auf wertvolle Schulhofflächen beendet werden."

1968 wurde der erste Erweiterungsbau mit Festsaal (der auch als Turnhalle diente) und acht Klassenräumen eingeweiht. Ein den Lehrern und
Eltern in den Jahren um 1930 nur unerfüllbarer Wunschtraum wurde
nun Realität: zum ersten Mal durften Berliner Kinder in einem eigens
für die Verwirklichung der Waldorfpädagogik errichteten Haus arbeiten. Heinrich Albertz, ehemaliger Regierender Bürgermeister Berlins,
schrieb in einem Grußwort zur Eröffnung des ersten Erweiterungsbaus:

„Ich freue mich sehr, daß die Rudolf
Steiner Schule Berlin nach so viel Mühen
nun endlich ihr neues Schulgebäude ein-
weihen kann. Ich freue mich als Vater
meiner Kinder, die dieser Schule soviel verdanken, und als ein Mann, der seit vielen Jahren davon überzeugt ist, daß die
Waldorf-Schulbewegung pädagogisch
verwirklicht, wovon andere nur reden,
ohne es konsequent und mutig zu tun. ...
Ich wünsche den Lehrern und Lehrerinnen
weiter, daß sie unbeirrt ihren Weg wei-
tergehen, und ich wünsche, daß die öffentlichen Gewalten in Berlin diese Schule
mehr als bisher tragen, ohne ihre Freiheit
einzuschränken."

Anfang der siebziger Jahre mußten Baracken für die großen heranwachsenden Oberstufenklassen aufgestellt werden. Zugleich begannen die Planungen für den endgültigen Ausbau der Schule, mit Räumen für die Oberstufe und für Tischlern, Plastizieren, Metalltreiben, Buchbinden, Malen und Eurythmie. Das Bundesfinanzministerium verweigerte jedoch 1972 die Genehmigung für den weiteren Ausbau innerhalb des bestehenden Mietvertrages. Es folgten drei bittere Jahre der Stagnation. Mit Hilfe des Petitionsausschusses des Deutschen Bundestages gelang es schließlich, das Grundstück 1976 für 3,3 Mio. Mark zu erwerben. Die finanzielle Eigenleistung von über einer Million Mark für die Turnhalle mußte auch noch von der Elternschaft erbracht werden. Diese doch ungewöhnlich hohen zusätzlichen Eigenleistungen der Eltern überzeugten wiederum die Deutsche Klassenlotterie Berlin, größere Zuwendungen für

die letzten beiden Bauabschnitte zu genehmigen, die erst ermöglichten, daß etwa 50 Jahre nach der ersten Eröffnung einer Waldorfschule in Berlin und 40 Jahre nach deren Schließung die Rudolf-Steiner-Schule in Dahlem ein voll ausgestattetes Zuhause fand: mit Klassenräumen, naturwissenschaftlichen Fachräumen, Werkstätten, Eurythmie- und Musikräumen sowie Turnhalle und Festsaal mit Bühne. Anläßlich der letzten Elternversammlung nach der Schließung der Schule hatte ein Schülervater 1938 prophezeit: „Was hier lebte, kann nicht untergehen. Es wird wiederkommen mit vervielfältigter Kraft." Heute gibt es zehn Schulen auf anthroposophischer Grundlage im Umkreis von Berlin (einschließlich des heilpädagogischen Therapeutikums für Geistig- und Körperbehinderte sowie das Caroline-von-Heydebrand-Heim mit Kleinklassen für verhaltensgestörte Kinder). dh

Kupfertreiben, 8. Klasse

Blütenmotiv: Feuriges Rot - Pflanzengrün, Janine Thomas 11. Klasse Freie Waldorfschule Kreuzberg

Gegenstände in Licht und Schatten, Cäcilia Bernegg, 9. Klasse

Um dieser Frage nachzugehen, wurde an den Berliner Waldorfschulen bei allen Elternhäusern ihrer Schüler eine Umfrage durchgeführt. Ergebnis: Waldorf-Eltern sind ein buntgemischtes Volk. Es finden sich alle Berufsgruppen, vom Universitätsprofessor bis zum Bauarbeiter, vom Großunternehmer bis zum Krankenpfleger - in recht ausgewogener Verteilung. So sind z.B. die künstlerischen Berufe, die von rund 9 Prozent der erwerbstätigen Väter und Mütter ausgeübt werden, ähnlich stark vertreten wie die Gruppe der Ingenieure. Aus dem Vergleich mit dem Mikrozensus wird vor allem eines deutlich: *Waldorf-Haushalte stellen keine Einkommens-Elite dar!* Deren mittleres Pro-Kopf-Einkommen liegt in Berlin-West etwa beim Mittelwert aller Haushalte mit Schülern, in Berlin-Ost sogar um 15 bis 25% darunter.

Die Zahl der Kinder ist deutlich höher als in der „Restbevölkerung": Während in jedem zweiten aller Berliner Schülerhaushalte nur ein Kind lebt, gilt das nur für jeden vierten Waldorf-Haushalt. Durchschnittlich haben Waldorf-Eltern 2,1 Kinder, alle Berliner Eltern 1,6 Kinder. Allein-Erziehende gibt es bei „Waldorfs" genauso häufig wie auch sonst (jeweils etwa ein Drittel aller Familien). Dabei spiegeln sich in den sechs Berliner Waldorfschulen die „Kiez"-Strukturen wider: Entsprechend den Verhältnissen in den Bezirken ist die Kinderzahl in den beiden Ostberliner Schulen geringer als in den vier „West"-Schulen, gibt es in der Kreuzberger Schule mehr Allein-Erziehende als in der Schule im Märkischen Viertel, sind die Einkommen der Haushalte der beiden Zehlendorfer Schulen höher als die übrigen usw.

Waldorf- Eltern:
Eine besondere Spezies
oder
„ganz normale" Menschen?

Waldorf-Mütter beschränken sich nicht auf ein Dasein als „Hausfrau und Mutter": Sie stehen in ähnlichem Umfang (zu ca. 55 % im Westteil und ca. 75% im Ostteil der Stadt) im Berufsleben wie die übrigen Berliner Mütter. Etwa ein Drittel (West) bzw. ein Viertel (Ost) von ihnen sind selbständig; das ist ein wesentlich höherer Anteil als bei den weiblichen Erwerbstätigen Berlins (West knapp 9%, Ost rund 5%). Ähnliches gilt auch für die erwerbstätigen Väter. Auffallend ist daneben das sehr hohe Bildungsniveau: Im Westteil haben 58% der Väter und 48% der Mütter von Waldorf-Schülern einen Hochschulabschluß; die entsprechenden Werte der Berliner Bevölkerung mit berufsbildendem Abschluß betragen 17% bzw. 13%. Selbst unter den Eltern von Jura-Studenten der Freien Universität Berlin ist dieser Anteil geringer.

Keine Einkommenselite, hohes Bildungsniveau, Abbild der bezirklichen Strukturen - diese Befunde machen deutlich, daß die Entscheidung für die Waldorfschule nicht elitären Sonderungswünschen entspringt, sondern aus bewußter Hinwendung zum pädagogischen Konzept getroffen wird.

Dr. Klaus Peinelt-Jordan (Freie Universität Berlin)

Der vollständige Text der Studie »Zur sozialen Stellung der Berliner Elternhäuser innerhalb der Gesamtbevölkerung Berlins« von Dr. Klaus Peinelt-Jordan (Institut für Rechtssoziologie und Rechtstatsachenforschung der Freien Universität Berlin) kann kostenlos bei der Pressestelle der Landesarbeitsgemeinschaft der Waldorfschulen in Berlin-Brandenburg (Rudolf-Steiner-Schule, Auf dem Grat 1-3, 14195 Berlin) bezogen werden.

RUDOLF STEINER SCHULE BERLIN

1998 „So eine alte Schule - ist da nicht alles festgefahren, etabliert, unbeweglich?" Diese Frage hört man immer wieder an der Rudolf Steiner Schule Berlin, die nun schon 50 (resp. 70) Jahre existiert und äußerlich zu einer festen Form - z. B. in den Bauten - gefunden hat.

Der „Innenblick" zeigt etwas anderes: Große Veränderungen, ja Auflösungen, Suche nach neuen Formen auf allen drei Hauptgebieten des schulischen Lebens: der Arbeit mit den Kindern und Jugendlichen, der Zusammenarbeit von Eltern und Lehrern und der kollegialen Selbstverwaltung.

Reinhard Wedemeier, langjähriger Lehrer und initiativer Mitgestalter an der Rudolf Steiner Schule, zeigt im folgenden anhand einiger Beispiele, an welchen Entwicklungen derzeit gearbeitet wird.

• In der Pädagogik wird uns z. B. die Frage nach der Pflege und Förderung der sogenannten Körpersinne (sensomotorischer und somatosensomotorischer Bereich) immer wichtiger. Die grundlegende Bedeutung dieser Sinne für eine gesunde Entwicklung der Kinder wird gerade an den heute auftretenden Defiziten deutlich. Neue Ansätze und Anregungen für den Unterricht wurden entwickelt, bis hin zu einer Neugestaltung der Sitzmöbel in den unteren Klassen.

• In intensiver Weise ringen wir seit einigen Jahren besonders um neue Formen der Zusammenarbeit von Eltern und Lehrern, die den Bedürfnissen gerade der Eltern gerecht werden, die stärker am schulischen Leben mitwirken wollen. Eine neue Satzung ist in Vorbereitung.

• Was hat sich im Kollegium verändert? Unsere Schule war lange Jahre geprägt durch starke Einzelpersönlichkeiten, die mit ihrer Autorität und Kompetenz die Qualität der pädagogischen Arbeit sicherten und bestimmten (kurz vor und nach der Wende 1989 gingen aus unseren Reihen gleich fünf von Elterninitiativen berufene Gründungslehrer neuer Waldorfschulen hervor). Heute steht vor uns die Aufgabe, im kollegialen Zusammenwirken die Fähigkeiten jedes einzelnen zu erkennen, zu steigern und am rechten Ort einzusetzen. Hier liegen große - und großartige - Herausforderungen für eine gemeinschaftliche, kompetente Führung der Schule.

• Jüngste Frucht im Bemühen um eine ständige Entwicklung der pädagogischen Arbeit ist die Gründung einer *Freien Musikschule*, in der Instrumentallehrer untereinander und mit den Musiklehrern der Schule zusammenarbeiten, wodurch das musikalische Leben der Schule außerordentlich gefördert und bereichert wird.

Ein kurzer Blick auf unsere Oberstufe:

Obwohl an unserer Schule seit vielen Jahren das Abitur abgenommen wird (und die Ergebnisse sich sehen lassen können), ist unser pädagogisches Anliegen selbstverständlich ein anderes als ein guter Abitur-Durchschnitt. Das Abitur besitzt gerade heute aber für viele Eltern und Schüler einen sehr hohen Stellenwert. Es ist uns leider nicht gelungen, im Bereich der Abschlüsse eine echte Alternative anzubieten.

Die vorhandenen Freiräume und Möglichkeiten einer Waldorf-Oberstufe werden aber kräftig genutzt: Landwirtschafts-, Feldmeß-, Sozial- und Berufspraktika, Orchesterfahrten, Oberstufentage als Projektwochen, Eurythmieaufführungen und Klassenspiele gehören z. T. seit Jahrzehnten zum festen Bestandteil des Schuljahres. Die letzten Oberstufentage z. B. wurden von den Schülern thematisch und organisatorisch völlig selbstständig durchgeführt. Trotz dieser Fülle bleiben brennende Fragen offen: sind unsere Schüler befähigt, individuell auf neue Herausforderungen der sozialen und technischen Entwicklung zu antworten? Haben wir ihre Selbständigkeit genügend zugelassen und gefördert?

Die Chance einer „alten" Schule liegt darin, die im Aufbau nicht mehr gebundenen Kräfte für neue Aufgaben, Projekte und Forschungsvorhaben einzusetzen. Diese Chance zu nutzen, ist Anliegen und Aufgabe unseres Kollegiums.

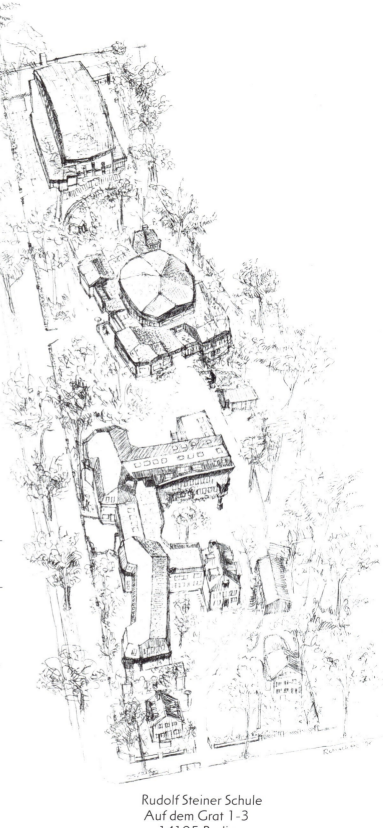

Rudolf Steiner Schule
Auf dem Grat 1-3
14195 Berlin

Telefon (030) 83 00 91 - 0
Fax: (030) 83 00 91 - 55

EMIL MOLT SCHULE
Freie Waldorfschule

1952	Beginn mit Berliner „Sorgenkindern", für die Charlotte Beier und Erika Birkner die Schule ins Leben rufen.
1954	Private Sonderschule e. V. nach der Pädagogik Rudolf Steiners.
1960	Umzug an den heutigen Standort.
1967 /68	Aufnahme in den Bund der Freien Waldorfschulen als Grund- und Hauptschule.
1974 /76	ensteht der „Rote Bau" für Kleinklassen, der Name der Schule lautet nun: Emil Molt Schule - Freie Waldorfschule für Erziehungshilfe.
1986	entscheidet sich die Schule, eine normale Waldorfschule zu werden. Die Trägerschaft für die Kreuzberger Waldorfschule wird übernommen.
1988	Anerkennung als sechsklassige Grundschule.
1992	entsteht mit Hilfe der Deutschen Klassenlotterie der „Blaue Bau" - er beherbergt die Klassen 1-8 sowie die Räume für die künstlerischen Fächer.
1994	Anerkennung der inzwischen voll ausgebauten Oberstufe.
1998	wird der Hort auf 40 Plätze erweitert.

Emil Molt Schule

Als *Freie Tagesschule* wurde die heutige *Emil Molt Schule* 1952 von Erika Birkner und Charlotte Beier auf einem verwilderten Grundstück in Zehlendorf-Süd gegründet, um Jugendliche buchstäblich von der Straße in die vom Krieg übrig gebliebenen Steinbaracken zu holen; junge Menschen, die in die Norm des wiedererstehenden Schulsystems nicht hineinpaßten. Das öffentliche Interesse an dieser „Sonderpädagogik" wurde allmählich größer, und es entwickelte sich eine fruchtbare Arbeit.

Der pädagogische Mut der Gründerinnen und des von ihnen herangezogenen Kollegiums ließ in drei Jahrzehnten den Humus gedeihen, in den ab 1982 eine einheitliche Grundschule und Höhere Schule eingepflanzt wurde. Heute ist sie eine einzügige Waldorfschule mit ca. 350 Schülern in den Klassen 1 bis 12 und 34 Lehrern. Die 13. Klasse und das Abitur wird gemeinsam mit der Rudolf Steiner Schule durchgeführt.

Die Oberstufe (Klasse 9 bis 12) ist im „Roten Bau" untergebracht. Zusätzlich zu der üblichen Gestaltung der Oberstufe werden an der Emil Molt Schule zwei drei-

wöchige Praktika durchgeführt, auf die großer Wert gelegt wird. In der 11. Klasse findet das Industriepraktikum statt, in dem die Schüler mit der Arbeitssituation in einem Gesellschaftsbereich konfrontiert werden, der zu den Grundlagen der Wirtschaft gehört. In der 12. Klasse arbeiten die Schüler im Rahmen eines Sozialpraktikums mit Menschen, die am Rande der Gesellschaft stehen, also z.B. Kranken, Behinderten, Obdachlosen oder alten Menschen.

Obwohl das Schulschiff jetzt in recht ruhigem Fahrwasser schwimmt und eine feste Gestalt angenommen hat, ist es Wille der Schulgemeinschaft, diese Gestalt wandlungsfähig zu lassen.

Emil Molt Schule
Claszeile 60
14165 Berlin

Telefon (030) 84 57 06 - 0
Fax 030 84 57 06 - 12

Freie Waldorfschule Kreuzberg

Als nach siebenjähriger Vorbereitung 1985 endlich der Start für die *Kreuzberger Waldorfschule* mit einer Klasse und einem Hort gelang, war der Ort charakterisiert

1985   Gründung mit einer Klasse und einer Hortgruppe in den umgebauten Pavillons des ehemaligen Hauptkinderheims. Patenschule: Emil Molt Schule.

1986   Dritte Klasse aufgesattelt

1989   Neubau mit Hilfe der Deutschen Klassenlotterie

1996   Verabschiedung der ersten 12. Klasse

1997   Erstes Abitur

1998   Anerkennung der Oberstufe und Ablösung von der Emil Molt Schule. Zweiter Neubauabschnitt: Saalbau und Fachräume. Sommer 1998: 380 Schüler und 33 Lehrer.

durch die Nähe zum Zeitungsviertel und zur Berliner Mauer. Von der Schulsenatorin Hanna-Renate Laurien wurde die Schule als Sanierungsprojekt für das durch Schlagzeilen berüchtigte Kreuzberg befürwortet. Vier Jahre war sie noch die östlichste Schule der Republik, denn zeitgleich startete Gorbatschow schon seine Perestroika. Wegen der mitteleuropäischen Lage zwischen Ost und West wurde Russisch zur zweiten Fremdsprache gewählt.

Eltern wirken maßgeblich in der Selbstverwaltung der Schule, insbesondere in der Rechts- und Gesamtkonferenz mit; in der Gesamtkonferenz neuerdings auch einige Schüler. Noch während der Fertigstellung des Neubaus öffnete sich die Mauer; das führte viele neue Schüler und Lehrer in die Schule.

Einen Schwerpunkt der Schule bildet die intensive Chor- und Orchesterarbeit mit jährlichen öffentlichen Aufführungen; einen anderen die Klassenspiele der achten und zwölften Klassen, die von Schülern wie Lehrern ein grosses persönliches Engagement verlangen und eine Herausforderung der Persönlichkeitserfahrung wie des Gemeinschaftslebens darstellen. Einige sechste Klassen machen sich auch mit Opern bekannt, die mit großer Begeisterung und handwerklicher Hilfe der Eltern dar-

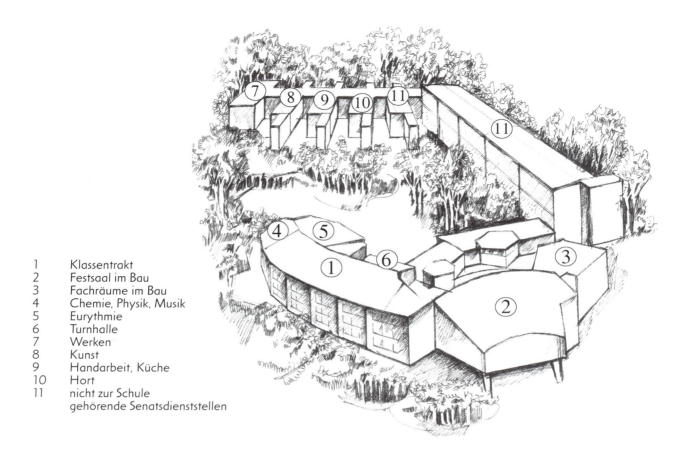

1 Klassentrakt
2 Festsaal im Bau
3 Fachräume im Bau
4 Chemie, Physik, Musik
5 Eurythmie
6 Turnhalle
7 Werken
8 Kunst
9 Handarbeit, Küche
10 Hort
11 nicht zur Schule
   gehörende Senatsdienststellen

geboten werden. Die zwölfte Klasse schließt mit einer Eurythmieaufführung ab.

In diesem Jahr hat die Schule den zweiten Bauabschnitt mit weiteren Fachräumen und dem Festsaal begonnen, um dann ihre Monatsfeiern und Aufführungen endlich gemeinsam erleben zu können. Außer einem vielseitigen Angebot in den künstlerisch-handwerklichen Fächern und der Technologie finden regelmäßig Betriebspraktika in Forst- und Landwirtschaft, im Feldmessen und im Sozialbereich statt. Eine Rußland- und eine Architekturfahrt schließen den Reigen.

Von Anfang an wurde die Kreuzberger Schule von außen als „etwas chaotisch" bezeichnet. Tatsächlich kennzeichnet die Schulgemeinschaft eine erhebliche Spannweite an Interessen und Lebensgewohnheiten und eine Dynamik in der Initiative wie in der Auseinandersetzung, die einerseits sicher typisch für jede junge, noch im Aufbau befindliche Schule ist, andererseits aber auch etwas vom Lokalkolorit und dem Zeitgeist widerspiegelt. Natürlich hat die Schule inzwischen auch daran gearbeitet, für alle verbindliche Formen zu entwickeln.

Freie Waldorfschule Kreuzberg
Ritterstraße 78
10969 Berlin

Telefon (030) 615 10 10
Fax (030) 615 91 19

WALDORFSCHULE MÄRKISCHES VIERTEL BERLIN

Altbau mit Klassen 1-9, links die Turnhalle

1981   Im August Beginn mit der 1. Klasse in den Räumen der Rudolf-Steiner-Schule Dahlem

1987   Nach sechsjähriger Suche nach einem Schulhaus wurde am jetzigen Standort in der Trägerschaft der Rudolf Steiner Schule begonnen.

1993   Vollständiger Ausbau von Klasse 1 bis 13 mit erster Abiturprüfung

1998   Einweihung des Neubaus mit gleichzeitiger Feier zum 10jährigen Bestehen der Schule.

Der Andrang der Schüler auf die Rudolf Steiner Schule in Dahlem wurde in den siebziger Jahren so groß, daß sich drei Lehrer der Schule bzw. ihres Umkreises entschlossen, den Elternwunsch nach einer neuen Schule zu verwirklichen. 1981 wurde eine Balkonklasse in Dahlem eröffnet; dies war der Start für die sogenannte „Tochterschule". Es sollte eine Waldorfschule für den Norden Berlins sein, und so begann auch gleich die Suche nach einem geeigneten Schulgebäude oder Gelände in den nördlichen Bezirken. Da es hieß, daß staatliche Schulen aus Schülermangel schließen würden, bestand Hoffnung auf eine geeignete Behausung. Leider wurde für keines der freiwerdenden Gebäude eine Zusage erteilt. Auch die schon sehr weit geführten Pläne, ein Fabrikgebäude von der Firma Siemens in Siemensstadt umzubauen - Architekten befaßten sich schon mit den Umbauplänen -, scheiterte in letzter Minute. Es blieb ein einziges Angebot: die Übernahme der damaligen „schwarzen Schule" im Märkischen Viertel (die Fassade der vormaligen Sonderschule war in einem dunklen Anthrazit eingefärbt).

Trotz vieler Bedenken wurde nach sechs Jahren des Suchens beschlossen, in den nicht gerade schönen Plattenbau einzuziehen. Der Weg vom inzwischen vertrauten Ort betrug allerdings 25 km durch den Stadtverkehr, so daß sich auch nicht alle Eltern mit dem Umzug einverstanden erklärten. Das gesamte Kollegium mit dem größeren Teil der Elternschaft fand aber den Mut zum Umzug und sah es als Herausforderung an, gerade an einem solchen Ort, in unmittelbarer Nachbarschaft des Hochhausviertels, mit einer Waldorfschule in einem häßlichen Plattenbau zu beginnen.

An vielen Wochenenden wurde durch einen enormen Einsatz von Eltern und Lehrern in harter Arbeit die Schule umgestaltet. Räume mußten vergrößert werden, teilweise wurden Holzdecken eingezogen und Parkett verlegt, und vieles wurde farbig lasiert. Außerdem schmiedete man Pläne, wie das 10.000 qm große Grundstück mit seinen 3.800 qm Nutzfläche verändert und erweitert werden könnte, damit auch eine voll ausgebaute Waldorfschule darin noch Platz finden könnte.

Zum Schuljahrsbeginn 1987 begannen auf dem jetzigen Gelände 15 Lehrer mit 205 Schülern in sieben Klassen mit dem Unterricht. Jedes Jahr wurde eine neue erste Klasse aufgenommen, so daß die Schule 1993 mit 13 Klassen vollständig aufgebaut war und ihr erstes und erfolgreiches Abitur ablegen konnte. Nur die Räumlichkeiten waren unterdessen immer

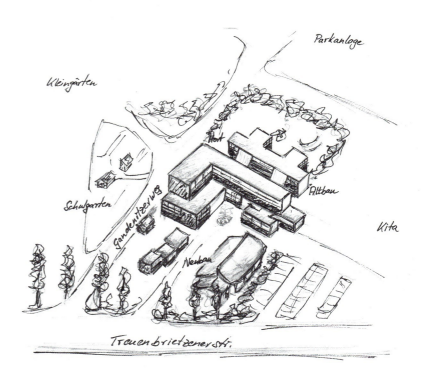

beengter geworden, und die schönen Pläne vom Beginn konnten nicht verwirklicht werden, denn der Bezirk war all die Jahre nicht bereit gewesen, die Möglichkeit zum Bauen zu schaffen, indem er keine Zustimmung erteilte, den Mietvertrag mit seiner viel zu hohen Miete in einen angemessenen Erbpachtvertrag umzuwandeln. Durch zähes und unnachgiebiges Verhandeln gelang die Umwandlung dann schließlich doch, so daß mit dem zehnjährigen Bestehen 1998 gleichzeitig die Einweihung des ersten Erweiterungsbaues gefeiert werden konnte. Inzwischen werden ca. 400 Schüler von 35 Lehrern unterrichtet. Ihr besonderes Gepräge erhielt die Schule zum einen durch ihre Geschichte und den Standort - obwohl aus der direkten Nachbarschaft immer noch wenige Schüler die Schule besuchen - und zum

anderen durch die Einrichtung des Ökologieunterrichtes, die fortlaufenden Computertechnologiekurse in allen Oberstufenklassen und den Tischlerepochen von Klasse 8 bis 12. Darüber hinaus gibt es eine schuleigene Firma „Die Steinbrücke". Sie wurde als eigener Betrieb von Schülern und Lehrern gegründet (siehe *gesonderte Berichte über Ökologie, Computertechnologie und „Die Steinbrücke"*).

Waldorfschule Märkisches Viertel Berlin
Treuenbrietzener Straße 28
13439 Berlin-Reinickendorf

Tel. (030) 407 28 30
Fax (030) 407 28 326

Neubau. 1. Bauabschnitt: 10. - 12. Klasse, Handarbeit, Tonwerkstatt

Der Ort der Waldorfschule „an der Mauer", Oktober 1959

April 1989

April 1993

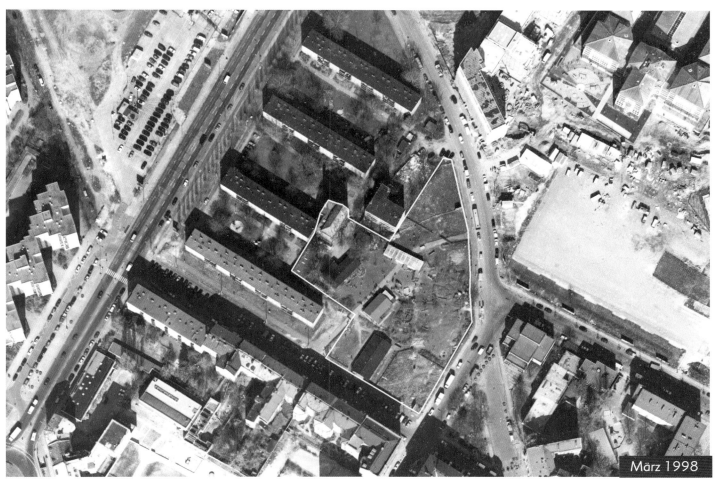

März 1998

Freie Waldorfschule Berlin-Mitte
"An der Mauer"

Der Schulhof liegt im ehemaligen Niemandsland zwischen Ost und West, einem Stück Land, das zu Zeiten der DDR „Staatsgrenze", im Westen „Todesstreifen" hieß. Als Kind der Wende wurde die Schule als erste Freie Waldorfschule im Ostteil Berlins zum Schulbeginn 1990 Hoffnungsträger für viele Eltern, die in der gesellschaftlichen Umbruchsituation eine Alternative zum bisher erlebten sozialistischen Staatsschulsystem suchten.

Endlich fand man an der Dresdener Straße in Berlin-Mitte ein Schulgelände. Das vor der Jahrhundertwende gebaute Gebäude diente noch bis 1963 als Grund-

Auf dem umgewandelten...

1989	November: Fall der Berliner Mauer. In Pankow bildet sich eine Interessengruppe für Waldorfpädagogik.
1990	Januar: Beschluß, eine Waldorfschule zu gründen.
1990	März: Verhandlungen der Initiative mit dem Bildungsministerium über eine Schulgenehmigung
1990	April: Erste Begehung des vom Berliner Runden Tisch in Mitte zugesprochenen Schulgebäudes, das von 1963 - 1989 von der Stasi als Grenzinformationszentrale zweckentfremdet wurde. Bis August Neugestaltung der Innenräume durch Eltern, Lehrer und Freunde.
1990	Mai: Gründung des gemeinnützigen Vereins „Freie Waldorfschule Berlin-Mitte an der Mauer"
1990	Am 30. August Schulgenehmigung durch das letzte Bildungsministerium der DDR.
1990	Am 3. September nehmen 150 Schüler in 5 Klassen und mit 9 Lehrern den Schulbetrieb auf.
1990	Beginn des Ausbaus mit provisorischen Gebäuden
1993	Aufbau der Oberstufe

schule, ehe es von der damaligen Staatssicherheit der DDR zweckentfremdet wurde. Eltern, Kollegen und Freunde wandelten es ab April 1990 in vielen hundert Arbeitsstunden wieder in ein Schulhaus um.

Direkt auf dem ehemaligen Grenzstreifen stehend, hat sich die Schule die Aufgabe der Vermittlung und des Ausgleichs zwischen Ost und West gestellt. Heute lernen hier ca. 300 Schüler mit ihren 28 LehrerInnen in zwölf Klassenstufen. Nach dem Unterricht betreuen Hortnerinnen die drei Kindergruppen aus den unteren Klassen.

Die „Kunst der Improvisation" bringt immer wieder neue und originelle Blüten zum Vorschein. Die einladende Grüngestaltung des Schulhofes um Hort, Werkstätten und Oberstufenbereich wirkt wie eine Oase im Trubel der Stadt. Die sieben Klassenräume im übernommenen Altbau mußten schon lange durch provisorische Gebäude ergänzt werden. Ungeklärte Eigentumsverhältnisse

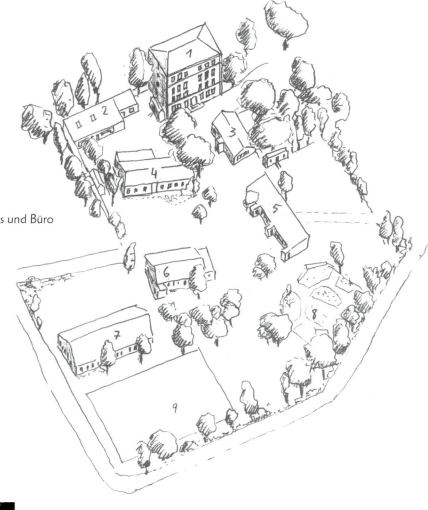

1 Haupthaus mit Klassenräumen, Essensraums und Büro
2 Werkräume und Hausmeisterwerkstatt
3 Lehrerzimmer und Bibliothek
4 Musik - und Eurythmiepavillon
5 Handarbeitsraum und Hort
6 Hort
7 Oberstufenpavillon
8 Schulgarten
9 Sportplatz

ehemaligen Grenzstreifen
zwischen Ost und West

der sogenannten Mauergrundstücke verhindern es bis heute, daß man bleibende Räume errichten kann.

Eltern der Schule haben die vielfältigsten

Mitwirkungsmöglichkeiten in Arbeitskreisen und Gremien. Oftmals stoßen dort unterschiedliche Erwartungshaltungen aufeinander, und so ist jedes Treffen auch ein sozialer Lernprozeß.

Wilfried Bartscher, Gründungs- und Klassenlehrer der „Mauerschule": „Die ersten acht Jahre des inneren Aufbaus liegen hinter uns. Ihr Verlauf stärkt uns den Mut, mit dem wir uns der nicht weniger schweren Aufgabe des äußeren Aufbaus unserer Schule stellen wollen. Wir wissen, wir sind auf dem richtigen Weg. Ganz deutlich sind wir eingebunden in ein Umfeld, das wie ein Brennglas die widersprüchliche Situation Berlins widerspiegelt."

„Wir reden nicht über das Zusammenwachsen in unserer Stadt, wir tun es."

Freie Waldorfschule Berlin-Mitte
Dresdener Str. 113
10179 Berlin

Telefon (030) 279 13 94
Fax (030) 27 56 01 26

Waldorfschule
Potsdam e.V.

1990	Bildung eines Interessenkreises Waldorf-pädagogik.
1991	Gründung der Freien Waldorfschule Potsdam e.V. August: Einschulung der 1. Klasse mit 23 Schülern. Dezember: Bildung einer 2. Klasse.
1992-	Jedes Jahr kommt eine neue 1. Klasse dazu.
1995	Schulgebäude „alte Villa" wird zu klein. Bau eines Pavillons auf dem Hofgelände, der vier Klassen aufnehmen kann.
1998	Neun Klassen mit 183 Schülern, 21 Lehrern, 1 Schulärztin, 1 Heileurythmistin, 1 Förderlehrerin. Hort bis zur 4. Klasse. Verschiedene Freizeitangebote.

Die Schule begann eigentlich schon im August 1990 in der russischen Garnisonsschule in Werder. Die Werderaner und die Potsdamer Initiative hatten sich zusammengetan. Es war ein abenteuerlicher, aber strahlender Beginn. Die freigebigen Russen hatten einige Räume ihrer kleinen Grundschule der neuen Waldorfschule zur Verfügung gestellt. Die Einschulung der Erstkläßler wurde gemeinsam mit der der Russenkinder gefeiert.

Zu Beginn des Jahres 1991 wurde dann der Potsdamer Initiative eine schöne Jugendstilvilla in Potsdam West, direkt am Sanssouci-Park, zur Verfügung gestellt, ein für die Potsdamer sehr viel günstigerer Standort. Da die Werderaner in Werder bleiben wollten, trennten sich

die beiden Initiativen. Die Menschen der Gründungsinitiative, vorwiegend Potsdamer Eltern - einige hatten
schon mehrere Jahre vor der Wende sich gemeinsam
mit Waldorfpädagogik beschäftigt - , teilten sich die viele Arbeit, die auf den mannigfaltigen Gebieten bis zur
Schuleröffnung zu leisten war. Zum Schuljahresbeginn
1991 konnte dann die Potsdamer Waldorfschule mit
ihren 23 Erstkläßlern beginnen. Die Dahlemer Rudolf
Steiner Schule stand der kleinen Schule mit Rat und Tat
zur Seite; die Gründungslehrerin, die die 1. Klasse übernahm, kam von dort, und deren 9. Klasse übernahm die
Gestaltung der ersten Einschulungsfeier.

Jetzt hat die Schule neun Klassen und damit den
Oberstufenaufbau begonnen. Im März 1998
ging Schillers »Don Carlos«, das erste
Achtklasspiel, erfolgreich über die Bühne.
Die schöne Villa reicht vom Platz her längst
nicht mehr aus. Ein Pavillon mit vier
Klassenräumen und einige nun ausgebaute Garagen kamen hinzu. Trotzdem wird in zwei Jahren ein Umzug
notwendig. Der Abschied wird
allen Schulmitgliedern schwer-
fallen. Viel Arbeit wurde in

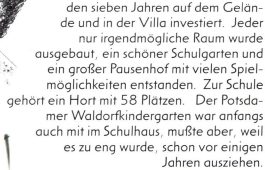

den sieben Jahren auf dem Gelände und in der Villa investiert. Jeder
nur irgendmögliche Raum wurde
ausgebaut, ein schöner Schulgarten und
ein großer Pausenhof mit vielen Spiel-
möglichkeiten entstanden. Zur Schule
gehört ein Hort mit 58 Plätzen. Der Potsdamer Waldorfkindergarten war anfangs
auch mit im Schulhaus, mußte aber, weil
es zu eng wurde, schon vor einigen
Jahren ausziehen.

Waldorfschule Potsdam
Geschwister-Scholl-Straße 54
14471 Potsdam

Telefon (0331) 97 20 77
Fax (0331) 97 20 77

FREIE WALDORFSCHULE
KLEINMACHNOW

Wie baut man eine Waldorfschule auf einem wunderschönen Gelände am südwestlichen Rand Berlins, um dessen Besitz sich die PDS und die Telekom streiten und weswegen niemand da ist, von dem man es kaufen oder pachten kann?

1991	Sommer, Gründung der Schule. Aufnahme des Schulbetriebes mit der ersten und vierten Klasse in der Ernst-Thälmann-Schule Kleinmachnow
1992	Frühjahr, Umbau der ehemaligen Gärtnerei zur Schule, mit großem Anteil Eigenleistungen
1992	Sommer, Umzug auf das heutige Schulgelände mit vier Klassen
1993	Herbst, Einweihung von Pavillons der Christopherus-Schule Hamburg
1994	Sommer, Einweihung des Eurythmiesaales und 2 weiterer Klassenräume
1995	Herbst, Einweihung des ersten Bauabschnitts von Architekt Peters
1996	Sommer, »Blaues Wunder«: Einweihung von zwei neuen Klassenräumen und des zweiten Eurythmiesaals
1997	Einweihung von zwei weiteren Klassenräumen im »Blauen Wunder«

Vor dieser Schwierigkeit stand die Freie Waldorfschule Kleinmachnow, als sie sich 1992 entschloß, auf dem Gelände am Seeberg, das zunächst der Reichspost, dann der SED gehört hatte, Schule zu machen. Die Lösung: „fliegende" Bauten. Sich so auf derart unsicherem Boden niederzulassen, dazu gehören Mut und Beweglichkeit. Beides haben sich die Eltern und Lehrer der Schule bis heute erhalten und jedes Jahr neue, phantasievolle Lösungen gesucht und gefunden; nicht immer streßfrei, aber beeindruckende Tatsachen schaffend, die den Schülern den notwendigen Unterrichtsraum bieten.

Von Bewegung gekennzeichnet war auch der Beginn der Schule, als eine Berliner Schulgründungsinitiative gleich nach der Wende auf Kleinmachnower Eltern traf, die für ihre Kinder eine Alternative zum staatlichen

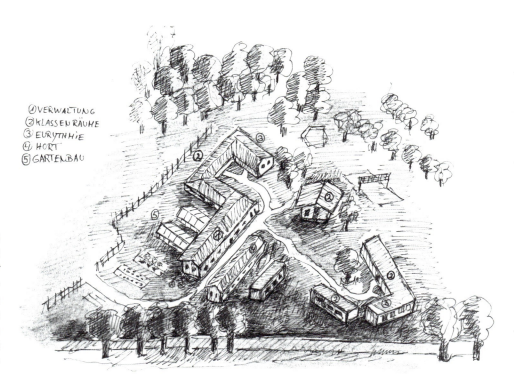

① VERWALTUNG
② KLASSENRÄUME
③ EURYTHMIE
④ HORT
⑤ GARTENBAU

Schulsystem suchten. Bis heute finden sich auf dem Seeberg Brandenburger und Berliner Eltern zusammen, die, im Hinblicken und Hinarbeiten auf das gemeinsame Ziel, sich um gegenseitiges Verständnis und um innere Annäherung bemühen.

Inzwischen werden rund 300 Schüler in 11 Klassen von einem recht jungen Kollegium betreut, das mit viel Liebe zu den Kindern und freudiger Initiativkraft das Schulleben gestaltet. Die Schule erfreut sich eines immer noch wachsenden Zustroms von Kindern, Eltern und Lehrern. Der weitere Aufbau der Oberstufe, in der ein besonderes Gewicht auf die künstlerischen und handwerklichen Fächer gelegt wird, ist ein reges Arbeitsfeld. Die Entwicklung der Schule in allen Fragen des Grundstückes, der Bauten und der Finanzen ist nach wie vor von großen Schwierigkeiten geprägt.

Angeschlossen ist ein **Hort** mit z. Zt. 49 Plätzen für die Klassen 1 bis 5. Jenseits der Apfelplantage befindet sich der 1992 gegründete *Waldorfkindergarten*, der inzwischen 90 Kinder in 5 Gruppen betreut.

Freie Waldorfschule
Kleinmachnow
Am Hochwald 30
14532 Kleinmachnow

Telefon (033203) 700 21
Telefax (033203) 700 22

Freie Waldorfschule
BERLIN-SÜDOST

1993 Im Februar beginnt die Schule mit 40 Kindern in drei Klassen. Am Nachmittag bleiben 38 Kinder im Hort.

1994 Mit Schuljahresbeginn wächst die Schule jeweils um eine Klassenstufe. Der Hort wird auf 80 Plätze erweitert.

1995 Zum Schuljahresbeginn besuchen 205 Schüler in 6 Klassen die Schule. Der Hort wird auf 100 Plätze erweitert. Ein Kindergarten mit 60 Plätzen nimmt die Arbeit auf.

1998 Ab Schuljahresbeginn werden mehr als 300 Schüler in zehn Klassen unterrichtet.

Die Freie Waldorfschule Berlin-Südost hat ihren Standort an der Oberspree im Bezirk Berlin-Treptow. Sie wurde 1993 eröffnet und ist das jüngste Kind der Berliner Waldorfschulen.

Die Gründungsinitiative reicht in die Wendezeit zurück. In Köpenick hatten sich Eltern um die Gründung einer Waldorfschule für die Südost-Bezirke Berlins bemüht. Ein geeigneter Standort konnte in einer leerstehenden hundertjährigen, denkmalgeschützten Fabrik gefunden wer-

den. Hier hat die Grundschulstufe mit Werkstätten, Handarbeitsraum, Eurythmiesaal und Turnhalle ausreichend Platz gefunden.

Ab der siebten Klasse ist die junge Schule in benachbarten Baracken untergebracht. Dort ist auch der Speisesaal mit bis zu 200 Plätzen sowie die Küche. Jahr für Jahr müssen für weitere Klassenstufen Baracken ausgebaut werden - bis einmal ein Neubau für die Klassen 7 bis 13 erstellt werden kann. Die Schule führt z. Zt. 10 Klassen mit 318 Kindern.

Der Aufbau einer Waldorfschule erfordert - über den Senatszuschuß hinaus - in großem Umfang Leistungen und vor allem Finanzmittel, die selber aufzubringen sind. In Berlin-Südost halfen dabei zunächst Untervermietungen noch nicht benutzbarer Räume. Dann wurde die Firma

Eubios gegründet, die das „Wirtschaften rund um die Schule" zur Aufgabe hat: sie betreibt die Kantine, bietet den Eltern Naturkost, Bücher, Wolle und Schulmaterial an und übernimmt Verwaltungsaufgaben, um die Schule kostenmäßig zu entlasten.

Freie Waldorfschule Berlin-Südost
Bruno-Bürgel-Weg 9-11
12439 Berlin

Telefon (030) 671 81 01
Fax (030) 671 81 02

Die Schulen

Die Schulen in Berlin und Umgebung

4 Waldorfschule Märkisches Viertel Berlin
Treuenbrietzener Straße 28
13439 Berlin

5 Freie Waldorfschule Berlin-Mitte
Dresdener Straße 113
10179 Berlin

3 Freie Waldorfschule Kreuzberg
Ritterstraße 78
10969 Berlin

11 Seminar für Waldorfpädagogik
Köpenicker Straße 175
10997 Berlin

1 Rudolf Steiner Schule
Auf dem Grat 1-3
14195 Berlin

10 Heilpädagogisches Therapeutikum
Quermatenweg 6
14163 Berlin

9 Caroline-von-Heydebrand
Heim und Schule
Klopstockstraße 36
14129 Berlin

2 Emil Molt Schule
Claszeile 60
14165 Berlin

8 Freie Waldorfschule Berlin-Südost
Bruno-Bürgel-Weg 9-11
12439 Berlin

6 Waldorfschule Potsdam
Geschwister-Scholl-Straße 54
14471 Potsdam

7 Freie Waldorfschule Kleinmachnow
Am Hochwald 30
14532 Kleinmachnow

Caroline-von-Heydebrand-Schule

Das »Caroline-von-Heydebrand-Heim und Schule« ist eingerichtet für Kinder, die aufgrund ihres Verhaltens in anderen Schulen schwer oder nicht mehr zu fördern sind. Diese Kinder mit normal entwickelter Intelligenz und oft sehr individueller Prägung führen unter normalen Schulbedingungen zu Situationen, die sowohl ihnen als auch den Mitschülern und den Lehrern erhebliche Probleme bereiten. Die Einrichtung stellt eine Möglichkeit in Berlin dar, in solchen Situationen individuell und den Bedürfnissen dieser Kinder entsprechend auf der Basis

1924	Gründung der ersten heilpädagogischen Einrichtung auf anthroposophischer Grundlage auf dem »Lauenstein« in der Nähe von Jena, u.a. von Franz Löffler.
1926	Umzug ins »Haus Bernhard« in Jena-Zwätzen.
1929	Umzug ins Arnim-Schloß Gerswalde (Uckermark).
1933	Erste Repressalien gegen die Einrichtung
1940	Viele Verhöre durch die Gestapo. Euthanasie-Vorstellungen der Nationalsozialisten werden für die Einrichtung immer bedrohlicher.
1941	Verhaftung und kurze Internierung von Franz Löffler in Potsdam.
1948	Der die Einrichtung tragende Verein wird nach DDR-Recht per Gesetz aufgelöst.
1950	Verhaftung von Löffler in Potsdam und Internierung für einige Monate (im selben Gefängnistrakt wie im Jahre 1941).
1951	Franz Löffler und ein großer Teil der Mitarbeiter aus Schloß Gerswalde gründen das »Caroline-von-Heydebrand-Heim und Schule« in der Klopstockstraße, welches Löffler bis zu seinem Tod 1956 leitet.
1998	umfaßt das Heim 24 Plätze; in der Kleinklassenschule werden bis zu 70 Kinder unterrichtet. Es sind zur Zeit etwa 40 Mitarbeiter in der Einrichtung tätig.

der Waldorfpädagogik zu helfen. Oft kann nach einigen Jahren der Kleinklassenbetreuung eine Integration in die Waldorfschulen u.a. Schulen geschehen. Die nach dem Waldorflehrplan arbeitende Kleinklassenschule hat etwa 70 Schüler in den Klassen 1-6 und ist dem Caroline-von-Heydebrand-Heim angegliedert.

Das Heim ist eine Einrichtung für Kinder, die aus verschiedenen Gründen (z.B. familiären oder therapeutischen Gründen, Schwierigkeiten im Sozialverhalten, usw.) nicht in ihren Familien leben können. Es umfaßt derzeit 24 Plätze und ist stets voll belegt. Die Kinder können in kleinen Gruppen intensive Zuwendung erleben. In der Einrichtung finden Kinder und Jugendliche ihren Lebens- und Lernort, wobei vornehmlich Schüler

1 Mitarbeiterhaus
2 Mitarbeiterhaus
3 Haupthaus
4 Veranstaltungssaal
5 Schulhaus
6 Werkstatthaus

im grundschulpflichtigen Alter aufgenommen werden. Zu jeder Gruppe gehören bis zu drei Erzieher. Unmittelbar
auf dem Grundstück wohnen Mitarbeiter und Mitarbeiterfamilien.

Die Kinder sollen das Gefühl erhalten, daß
sie in eine einerseits von Erwachsenen, andererseits von ihnen selbst gestaltete und sie för-
dernde Häuslichkeit aufgenommen werden. Zu
jeder Kindergruppe gehören ein Wohnzimmer, eine
Küche und ein Bad. Es gibt Ein-, Zwei- und Dreibett-
zimmer. Die Räume sind kindgemäß eingerichtet und
mit überwiegend selbstgebauten Vollholzmöbeln aus-
gestattet. Familienähnlich sorgt die Gruppenleitung im
gemeinsamen Wohn- und Lebensbereich für ein natür-
liches Gemeinschaftsleben.

Das »Caroline-von-Heydebrand-Heim und Schule«
wurde 1951 vom Heilpädagogen Franz Löffler gegründet, nachdem die Diktatur des Proletariats seinem vorherigen Wirken im uckermärkischen Schloß Gerswalde
ein jähes Ende gesetzt hatte (siehe Chronik).

Caroline-von-Heydebrand
Heim und Schule
Klopstockstraße 36
14129 Berlin

Telefon (030) 801 60 03
Telefax (030) 801 43 68

Heilpädagogisches Therapeutikum

Im Oktober 1997 wurde ein dreiflügeliges Haus in der Karl-Hofer-Straße eingeweiht, das zum neuen Wohn- und Lebensraum für 22 behinderte erwachsene Menschen wurde. Sie wohnen dort mit betreuenden Hauseltern unter einem sanftgebogenen Dach und bilden den dritten Teil der »Stadtgemeinschaft Berlin«.

Unter diesem Namen entstand seit 1990 der Wohnbereich des Heilpädagogischen Therapeutikums. Er ergänzt als dritter Zweig, neben dem Werkstattbereich und der Schule, die Arbeit mit Menschen, die im allgemeinen Sprachgebrauch als „geistig Behinderte" gelten, für die Rudolf Steiner jedoch seinerzeit die Bezeichnung „Seelenpflege-bedürftige Menschen" prägte.

Zunächst kommen die Kinder, deren Leben durch eine Behinderung wie Anfallsleiden, Autismus, Down-Syndrom oder anderes geprägt ist, in die staatlich anerkannte Sonderschule am Quermatenweg 6. Nahe dem

1954	Gründung des Heilpädagogischen Therapeutikums in Anknüpfung an die heilpädagogische Arbeit in Schloß Gerswalde (siehe auch Caroline-von-Heydebrand-Heim und Schule)
1985	Staatliche Anerkennung als »Sonderschule für Geistigbehinderte«
1990	Eröffnung der »Stadtgemeinschaft Berlin« als Wohnbereich für Erwachsene
1996	Eröffnung und vorläufige staatliche Anerkennung der »Werkgemeinschaft für Berlin-Brandenburg, Sozialtherapeutische Werkstätten«
1997	Beginn der Lebens- und Arbeitsgemeinschaft Rohrlack bei Neuruppin

1 Schulhaus mit Eßsaal
2 „Haus Werner" mit der Unterstufe
3 „Haus Perls" mit Therapieräumen
4 Gartensaal
5 Werkstatthaus
6 Eingang und Foyer
7 Großer Saal
8 Verwaltung

Die Häuser 2, 3 und 4 entwarf der
Architekt Ludwig Mies van der Rohe.
Sie stehen unter Denkmalschutz

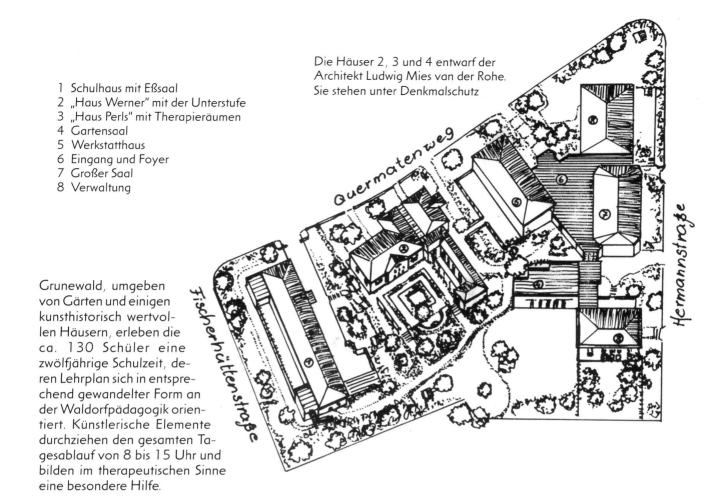

Grunewald, umgeben von Gärten und einigen kunsthistorisch wertvollen Häusern, erleben die ca. 130 Schüler eine zwölfjährige Schulzeit, deren Lehrplan sich in entsprechend gewandelter Form an der Waldorfpädagogik orientiert. Künstlerische Elemente durchziehen den gesamten Tagesablauf von 8 bis 15 Uhr und bilden im therapeutischen Sinne eine besondere Hilfe.

In der Oberstufe kommt das handwerkliche Element verstärkt hinzu. Jeweils ein Jahr lang erweitern die Schüler ihre Fähigkeiten in verschiedenen Werkstätten und werden auf das Arbeitsleben vorbereitet. Dieser Bereich wird für die nunmehr Erwachsenen durch die Arbeitsstätten der »Werkgemeinschaft für Berlin-Brandenburg, sozialtherapeutische Werkstätten gGmbH« gebildet. Einer notwendigen Umstrukturierung folgend wurden die Werkstätten (Textil, Keramik, Papier, Holz, Großküche, Forstwirtschaft und Kerzenwerkstatt) im Herbst 1996 vorläufig staatlich anerkannt und erweitern sich ständig an verschiedenen Standorten. Ein Neubau in Süd-Zehlendorf wird in Zukunft räumliche Vergrößerung und die Erweiterung der Arbeitsplätze auf 180 möglich machen.

Vom dritten Zweig wurde zu Anfang dieser Zeilen geschrieben. Der Wohnbereich, in dem 45 Erwachsene ein neues Zuhause fanden, wurde in drei Häusern in der Argentinischen Allee 25 und der angrenzenden Karl-Hofer-Straße 13 und 17 eingerichtet. Zwischen alten Bäumen, in unmittelbarer Nachbarschaft mit der »Schule für Eurythmische Art und Kunst«, entfaltet sich hier der jüngste Zweig des Heilpädagogischen Therapeutikums, ergänzt durch eine ländliche Lebensgemeinschaft im märkischen Rohrlack bei Neuruppin.

In der Argentinischen Allee 25 war 1954 die Arbeit des Heilpädagogischen Therapeutikums erneut begonnen worden. Ihre Wurzeln reichen über die großen Epochen heilpädagogischer und sozialer Arbeit unter Leitung von Franz Löffler in Schloß Gerswalde und Berlin bis zum Ursprung im heilpädagogischen Kursus von Rudolf Steiner (siehe auch die Chronik des Caroline-von-Heydebrand-Heimes und -Schule). In Berlin ist das Heilpädagogische Therapeutikum in der Arbeit zum Wohle behinderter Menschen geschwisterlich verbunden mit dem Thomas-Haus, dem Caroline-von Heydebrand-Heim und -Schule, der Lebensgemeinschaft in Altschönow und dem Kaspar Hauser Therapeutikum in Pankow.

Heilpädagogisches Therapeutikum
Quermatenweg 6
14163 Berlin

Telefon (030) 81 81 97-0
Fax (030) 81 81 97 10

Neben den zehn Schulen, die im Berliner Raum auf Grundlage der Waldorfpädagogik arbeiten, gibt es noch eine Reihe von „Schulgeschwistern" (wie Horte, Kindergärten und heiltherapeutische Wohn- und Arbeitsstätten für Erwachsene), die auf den folgenden Seiten vorgestellt werden. Die Waldorfschulen in Cottbus und Frankfurt/Oder sind Mitglieder der Landesarbeitsgemeinschaft der Waldorfschulen in Berlin-Brandenburg, werden aber in dieser Festschrift nicht weiter aufgeführt, weil sie nicht im engeren Berliner Raum liegen.
(Kontakt über: Freie Waldorfschule Cottbus, Leipziger Str. 14, 03042 Cottbus, Tel. (0355) 473 242; Freie Waldorfschule an der Oder, Kommunardenweg 15, 15232 Frankfurt, Tel. (0335) 52 76 03)

Ein Verzeichnis von „verwandten" Einrichtungen im Berliner Raum befindet sich auf den Seiten 130f.

KASPAR HAUSER THERAPEUTIKUM BERLIN

Kaspar Hauser Therapeutikum Berlin

Das Kaspar Hauser Therapeutikum Berlin bietet für 60 psychisch kranke, geistig behinderte und seelenpflegebedürftige Menschen die Möglichkeit, sich in verschiedenen Werkstätten sinnvoll, schöpferisch und damit entwicklungsfördernd zu betätigen. Folgende Werkstätten stehen zur Verfügung: Buchbinderei, Papiergestaltung, Kerzenzieherei, Hauswirtschaft, Küchenbetrieb, Bau Platonischer Körper, Leuchtenwerkstatt, Werkstatt für geometrische Körper und, als neueste Bereiche, auch Wäscherei und Schlosserei.
Zur ganzheitlichen Persönlichkeitsförderung gehört hier die künstlerische Betätigung und sozialtherapeutische Begleitung und Bewältigung des Alltags. In einer Atmosphäre unbedingter Akzeptanz jedes Menschen, mit menschlicher Wärme und individuellem Eingehen auf die Bedürfnisse des Einzelnen, wird mit Malen, Musizieren, Plastizieren, mit Eurythmie und wöchentlichen Gesprächsgruppen künstlerisch-therapeutisch gearbeitet.
Nach achtjähriger Arbeit am Prenzlauer Berg konnte im Mai 1998 das neue Grundstück in der Rolandstraße 18/19 in Pankow-Niederschönhausen am Schloßpark bezogen werden, ganz in der Nähe der Waldorfschule Märkisches Viertel.
Hier ist bereits eine alte Villa in anstrengender Eigenarbeit renoviert und ein altes Werkstattgebäude saniert worden. Ein weiterer Neubau mit Saal und Restaurant sowie ein Wohnheim für Schwerstbehinderte werden im Laufe dieses und des nächsten Jahres entstehen.
Die Persönlichkeit des Kaspar Hauser als Namenspatrons der Einrichtung ist unser Leitbild für die Kraft des Gesunden, Guten und Geistigen in jedem Menschen, welche sich selbst unter schlimmsten Umfeldbedingungen durchsetzt und Krankheit und Behinderung überwinden kann.

Kaspar Hauser Therapeutikum Berlin
Rolandstraße 18/19
13156 Berlin
Telefon (030) 474 905-0

Thomas-Haus

Das Thomas-Haus Berlin ist ein heilpädagogisches Tagestherapiezentrum zur Förderung von zumeist mehrfach behinderten Kindern im Kleinkind- und Vorschulalter, bei denen insbesondere durch eine Sprachstörung die Entwicklung stärker beeinträchtigt ist. Die Förderung geschieht in kindergartenähnlichen heilpädagogischen Gruppen. Zusätzlich kommen Einzeltherapien zur Anwendung, wie Sprachtherapie, Physiotherapie, Musiktherapie, Eurythmie und Heileurythmie. Grundlage der Arbeit sind die anthroposophische Heilpädagogik, die Waldorfpädagogik und das pädagogische Konzept der Waldorfkindergärten. Eine intensive fachliche und soziale Zusammenarbeit verbindet das Haus mit dem Heilpädagogischen Therapeutikum und dem Caroline-von-Heydebrand-Heim.

Thomas-Haus Berlin
Peter-Lenné-Straße 42
14195 Berlin
Telefon (030) 832 64 53

Einrichtung der Camphill-Bewegung
Gegründet von Dr. Karl König

Lebensgemeinschaft Alt-Schönow

Am südlichen Rande Zehlendorfs begann vor sechs Jahren die Lebensgemeinschaft Alt-Schönow auf einem ehemaligen bäuerlichen Anwesen von 9000 qm ihre sozialtherapeutische Arbeit mit einer Gruppe von 8 jungen erwachsenen Männern und Frauen mit unterschiedlichen Behinderungen.
Zu dem alten umgebauten Wohnhaus wurden inzwischen drei Häuser für weitere 22 betreuungsbedürftige Menschen dazu gebaut. Jetzt leben und arbeiten 50 Menschen verschiedensten Alters familienähnlich am Platz zusammen.
Neben dem sozialen und dem kulturellen Leben ist der Arbeitsbereich das dritte Standbein der therapeutischen Bemühungen. Betreute arbeiten in der Hauswirtschaft, der Wäscherei, dem Garten, der Weberei, der Holzwerkstatt, der Metallwerkstatt und der Tonwerkstatt.

Lebensgemeinschaft Alt-Schönow
Alt-Schönow 5
14165 Berlin
Telefon (030) 845 718-0

Kinder- und Jugendhilfeeinrichtung
"Alte Ziegelei Rädel"

Es ist das Anliegen der Einrichtung, individuelle Entwicklungsmöglichkeiten von Kindern und Jugendlichen mit schweren Sozialisationsproblemen zu fördern. Die Schüler werden jahrgangsübergreifend in kleinen Gruppen unterrichtet. Mit dem Lehrplan der Waldorfschule im Hintergrund und besonderer Betonung des handwerklichen und künstlerischen Unterrichtes soll für jeden Schüler ein Lernumfeld geschaffen werden, das auch eine Rückkehr in die Regelschule zu einem individuell zu vereinbarenden Zeitpunkt ermöglicht.

Das 4ha große Gelände beherbergt Pferde, Schafe, Ziegen, einen Esel und Katzen und bietet Platz für gärtnerisch-landwirtschaftliche Aktivitäten. Eine Besonderheit des pädagogischen Ansatzes liegt im Umgang mit den Tieren und den Notwendigkeiten gärtnerischer Arbeiten in einer reichhaltigen Naturlandschaft. Die Tiere wirken therapeutisch durch ihr unmittelbares Reagieren, sie ermöglichen emotionale Verbundenheit und fordern verantwortungsbewußte Betreuung.

In zwei Wohngruppen werden je 8 Kinder von einem innewohnenden und drei weiteren Erziehern in familienähnlicher Struktur betreut. Im gemeinsamen Leben und Erleben werden die verschiedensten sozialen und lebenspraktischen Fähigkeiten geübt und erlernt.

Zwischen Schule und Elternhaus: Der Hort

Von den Kindern der 1. - 6. Klasse der Kreuzberger Waldorfschule kommen mehr als hundert Kinder nach dem Unterricht in
den Hort - das ist etwas mehr als die Hälfte der Kinder dieser
Klassen. Freispiel, das gemeinsame Mittagessen in den Hort-
gruppen, eine kurze Ruhepause, Zeit für die Schulaufgaben, die
Werkstatt und immer wieder das große Hortgelände mit Büschen
und Bäumen, der Wiese, dem Ballspielplatz: eine große grüne
Insel inmitten der Stadt; - oder wir reis(s)en aus: bis in den
Grunewald oder an den Schlachtensee ....

Schule am Vormittag *und* anschließend Hort; d.h., es sind oft
lange Tage für unsere Kinder. Bieten wir ihnen Lücken und Ni-
schen, daß sie sich aus der großen Gruppe zurückziehen können
und trotzdem wahrgenommen werden?

Und dann: Immer mehr Eltern sind auf den Hort angewiesen;
das zeigen uns die Aufnahmegespräche der letzten Jahre: „Kein
Hortplatz - keine Möglichkeit, diese Schule zu besuchen!" In
der neuen ersten Klasse hatten sogar Eltern von 31 der 33 Kinder einen Hortplatz beantragt; aber nur 20 standen zur Verfügung. - Wo befindet sich der Hort zwischen Elternhaus und
Schule, wie entwickeln wir *zukünftig* diesen Raum gemeinsam,
um den Kindern diesen Platz der Geborgenheit zu erhalten?

Thomas Grischke (Hort der Freien Waldorfschule Kreuzberg)

Im Vorschulalter - Erziehen aus Freude

„Ohne eine heitere, vollwertige Kindheit verkümmert das ganze spätere Leben."
(Janusz Korczak)

Eine unbeschwerte Kindheit ohne Erfolgsdruck und zweckdienliche Interessen für ein späteres „Vorankommen in Schule und Beruf" - ist das ein Luxus, den sich Eltern heute nicht mehr zu leisten wagen?

Der beschleunigte Wandel in vielen Lebensbereichen läßt allerorts die Frage aufkommen, ob eine heitere, vollwertige Kindheit noch erlaubt ist. Verhindert sie nicht eher den richtigen Start ins Leben? Sind nicht Computer mit Internetanschluß eine zeitgemäße Zukunftsinvestition im Kinderzimmer unserer Kleinen?

Im Waldorfkindergarten wird davon ausgegangen, daß nur eine reiche Kindheit für das spätere Leben die besten Voraussetzungen bietet. Dort wird dem Vorschulkind ein Lebens- und Erfahrungsraum geschaffen, in dem das freie, schöpferische Spiel mit möglichst natürlichem und einfachem Spielmaterial ein zentrales Anliegen ist. Schule wird nicht vorgezogen, Kindheit darf Kindheit bleiben. Denn - da sind sich Pädagogen und Ärzte einig - : das Fehlen einer gesunden Kindheit und ein zu frühes Vermitteln von Kulturtechniken wie Lesen und Schreiben führt zu feinen Sklerotisierungen, die im späteren Leben Fähigkeitsbehinderung auslösen.

Künstlerische und handwerkliche Tätigkeit, vom Pädagogen freilassend angeboten, ermöglichen dem Kind ein vielfältiges Mitgestalten seiner ihn umgebenden Sinneswelt. Musikalisch-rythmische Tanz- und Bewegungsspiele unterstützen seine motorische Geschicklichkeit und seine gesunde leibliche Entwicklung. Im Umgang mit dem Kind verzichtet der Pädagoge auf kluge Ermahnungen oder erklärende Anweisungen und baut auf das direkte Erleben am eigenen Tun und dem des erwachsenen Vorbilds.

Susann Cojaniz
(Waldorfkindergartenseminar)

Im Getöse der Jahrtausendwende blickt unschuldig das Kind empor und fragt: „Und ich? Läßt Du mich zum Lärmenden bloß werden? Oder weißt Du um mich? Vieles kann ich schenken, kannst Du es empfangen? - Und Du, was schenkst Du mir?"

Eine bange Frage, kaum hörbar im tosenden Alltag.

Doch, Kind, eines will ich Dir schenken: Freude; freudiges Begleiten Deiner Weltentdeckungen. Staunen will ich mit Dir über Schneck und Stein. - Nicht laut und dumpf, sondern innig, wie Du es tust. Ergreife die Welt, baue sie um, rufe Schlösser, Wildbäche, tiefe Brunnen ins Leben. Sie sind aus Sand, vor allem doch aus Phantasie gebaut. Der Sand zerrieselt, doch Deine Phantasie begleitet Dich im Wandel des Lebens. Hüte sie dann gut und laß sie, wenn Du Dich erwachsen nennst, Erd und Mensch zu Gute kommen.

Elisabeth Hardorp
(Mutter)

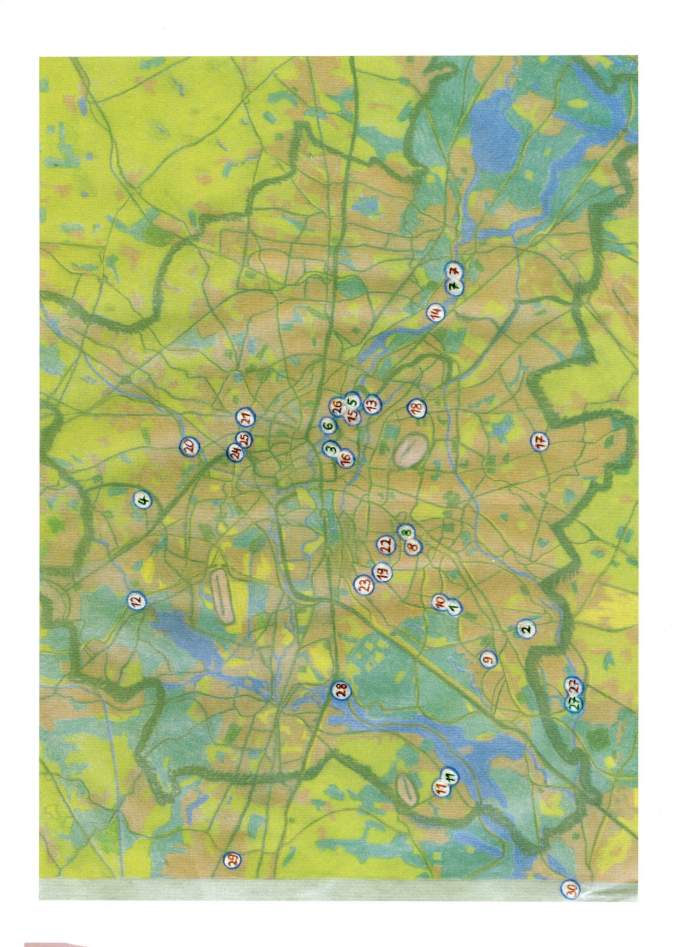

7 Kindergarten der Freien Waldorfschule Berlin-Südost
Bruno-Bürgel-Weg 9-11, 12439 Berlin
Tel.: (030) 671 81 01

8 Waldorfkindergarten „Morgenröte"
Lauterstraße 26, 12159 Berlin
Tel.: (030) 218 57 30

9 Waldorfkindergarten Zehlendorf e.V.
Lindenthaler Allee 14-16, 14163 Berlin
Tel.: (030) 218 57 30/851 46 03

11 Verein Havelhöhe zur Förderung der Erziehungskunst Rudolf Steiners e.V.
Kladower Damm 4, 13467 Berlin
Tel.: (030) 365 01 244

12 Waldorfkindergarten Hermsdorf e.V.
Auguste-Victoria-Straße 4, 13467 Berlin
Tel.: (030) 404 60 78

13 Waldorfkindergarten Hollerbusch e.V.
Reichenberger Straße 99, 10999 Berlin
Tel.: (030) 618 30 14

14 Waldorfkindergarten Karlshorst e.V.
Stühlinger Straße 3, 10318 Berlin
Tel.: (030) 509 02 71

15 Waldorfkindergarten im Forum Kreuzberg e.V.
Köpenicker Straße 175, 10997 Berlin
Tel.: (030) 612 40 35/39

16 Waldorfkindergarten Kreuzberg e.V.
Alte Jakobstraße 10, 10969 Berlin
Tel.: (30)614 30 87

17 Waldorfkindergarten Lichtenrade e.V.
Gessepfad 15, 12305 Berlin
Tel.: (030) 745 81 27

18 Waldorfkindergarten Lindenbaum e.V.
Nogatstraße 19-20, 12051 Berlin
Tel.: (030) 625 40 77

19 Waldorfkindergarten Mansfelder Straße e. V.
Mansfelder Straße 37, 10709 Berlin
Tel.: (030) 861 44 40

20 Waldorfkindergarten Pankow e.V.
Majakowskiring 13/15, 13156 Berlin
Twl.: (030) 485 68 89

21 Waldorfkindergarten Prenzlauer Berg e.V.
Stargarder Straße 20, 10437 Berlin
Tel.: (030) 445 33 93

22 Waldorfkindergarten Rosenhof e.V.
Weimarische Straße 5, 10715 Berlin
Tel.: (030) 853 76 89

23 Waldorfkindergarten Tomte e.V.
Schweidnitzer Straße 3, 10709 Berlin
Tel.: (030) 892 81 20

24 Waldorfkindergarten Berlin-Wedding e.V.
Ramlerstraße 13 und Swinemünder Straße 65
13355 Berlin
Tel.: (030) 463 50 42 und 464 82 22

27 Waldorfkindergarten Kleinmachnow
Am Hochwald 30, 14532 Kleinmachnow
Tel.: (033203) 213 04

28 Waldkindergarten „Am Postfenn"
Havelchausse 104, 14055 Berlin
Tel.: (030) 308 199 26

29 Waldorfkindergarten-Initiative Falkensee
Barkhausenstraße 45, 14162 Falkensee
Tel.: (03322) 20 04 05

30 Kindergarten der Freien Waldorfschule Potsdam
Wall am Kiez 6, 14467 Potsdam
Tel.: (0331) 270 25 05

-- Waldorfkindergarten-Initiative Jühnsdorf
Dorfstraße 8, 15831 Jühnsdorf
Tel.: (03379) 37 23 43

1 Hort der Rudolf Steiner Schule
Auf dem Grat 3, 14195 Berlin

2 Hort der Emil Molt Schule Berlin
Claszeile 60-66, 14165 Berlin

3 Hort der FWS Kreuzberg
Ritterstraße 78, 10969 Berlin

4 Hort der FWS Märkisches Viertel
Treuenbrietzener Straße 28, 13439 Berlin

5 Hort im Forum Kreuzberg
Köpenicker Straße 175, 10997 Berlin

6 Hort der FWS Mitte
Dresdener Straße 113, 10179 Berlin

7 Hort der FWS Südost
Bruno-Bürgel-Weg 9-11, 12439 Berlin

8 Hort „Silberfähre"
Lauterstraße 26, 12159 Berlin

27 Hort der FWS Kleinmachnow
Am Hochwald 30, 14532 Kleinmachnow

(30) Hort der Freien Waldorfschule Potsdam
Geschwister-Scholl-Straße 54, 14471 Berlin

Nur Menschen mit Initiative
können initiative Menschen erziehen

Institutionalisierung ist immer eine Gefahr. Aus Idealen, aus denen lebendiger Geist hervorsprudelt, können sich Strukturen bilden, die eine strukturelle Eigendynamik bekommen. Wird das nicht mit genügend Bewußtsein und Innovationsfreude begleitet, laufen die Strukturen einer Institution immer Gefahr, von den guten Geistern verlassen zu werden. Dagegen ist keine Institution gefeit, selbstverständlich auch nicht die Waldorfschule. So können Diskrepanzen zwischen Ideal und Wirklichkeit entstehen.

Das sollte man nicht beklagen. Denn wer behauptet, alle Ideale vollkommen zu verwirklichen, hat entweder triviale Ideale, oder er lügt. Gerade diese Diskrepanz kann vor dem Einschlafen bewahren und immer zu neuem Leben anregen.

Was kann die Waldorfschule tun, um modern zu bleiben? Menschenfeindliche Geistigkeit nistet sich gerne dort ein, wo Bewußtseins- und Verantwortungshohlräume entstanden sind. In den schwerfälligen Apparaten einer großen Bürokratie ist diese Problematik die Norm. Aber auch die Selbstverwaltung kann in nicht unerheblichem Maße in ganz anderer Art dafür anfällig sein. Der erste Schritt dagegen lautet immer: geschärftes Bewußtsein. Und gerade ein Jubiläum kann Anlaß zu einem geschärften Bewußtsein sein. Das ist anthroposophisch: Anthroposophie ist geschärftes Bewußtsein. Damit Waldorfschule modern bleibt, sollte sie in diesem Sinne vermehrt auf Anthroposophie fußen.

Waldorfschule wagen heißt: am Puls der Zeit sein. Waldorfpädagogik hat ihre Wurzeln nicht im Jahre 1919, auch wenn sie dort zuerst manifest wurde. Wir müssen *vorwärts* zu den Quellen der Waldorfpädagogik. Diese liegen im Menschen im Hier und Jetzt und in der Zukunft. So kann Waldorfpädagogik auch nie auf irgendwelchen Programmen fußen. Alle Programme sind schon veraltet im Moment, wo sie aufgestellt sind. Waldorfpädagogik kann nur auf *Menschen mit Initiative* bauen. Denn nur Menschen mit Initiative können initiative Menschen erziehen. Das ist der Kern des anthroposophischen Ansatzes.

70 Jahre ist ein Menschenmaß und entspricht etwa einem Erdenleben. Die Kräfte des Todes sind auch deswegen gesundend, weil sie wieder für das Einatmen neuer Lebensimpulse Platz machen. Das sollte immer auf der Tagesordnung stehen. Nach 70 Jahren ist es besonders an der Zeit.

Detlef Hardorp
(Bildungspolitischer Sprecher der Waldorfschulen in Berlin–Brandenburg)

Hanna-Renate Laurien
Freie Schule in freier Gesellschaft

Diktaturen kennen keine Freie Schule, weder formal, noch inhaltlich. In der Weimarer Republik verstand man unter Freier Schule eine von der Bindung an die Kirche freie Schule. Die heutige Schule in freier Trägerschaft steht nach dem Grundgesetz Art. 7, Abs. 4 zwar wie das gesamte Schulwesen in öffentlicher Verantwortung, aber unter dem Schutz der Verfassung. Öffentliche Verantwortung heißt nicht Staatsmonopol. Ein freiheitlicher Staat wird stets die Konkurrenz zu seinen Einrichtungen nicht nur zulassen, sondern ermöglichen, gar fördern.

Die Zulassung von Schulen in freier Trägerschaft ist nicht an den öffentlichen Bedarf gebunden. Ihren Bestand oder ihre Schließung begründet die Entscheidung der Eltern für ihre Kinder und nicht ein dirigistisches Staatshandeln. (...) Unser Grundgesetz bindet die Genehmigung an die vergleichbare Qualität und an die wirtschaftliche Absicherung der Lehrer, aber auch - und das ist wichtig - an die Bedingung, daß keine Sonderung der Schülerinnen und Schüler nach den Besitzverhältnissen der Eltern erfolgen darf. Das überläßt die Finanzierung von Schulen in freier Trägerschaft nicht der Willkür, dem partei-politischen Geschmack. Die Zuschüsse müssen, freiheitssichernd, so bemessen sein, daß nicht nur reiche Leute sich Freiheit leisten können. (...)

Pluralismus ist nicht ein zu beklagendes Übel. Pluralismus - und davon wird noch zu reden sein - ist die Konsequenz der Freiheit. Wenn wir als Erziehungsziel den gesprächsbereiten, entscheidungsfähigen Staatsbürger nennen, dann ist deutlich, daß nicht die ununterscheidbare Vielfruchtmarmelade der Anschauungen gemeint ist, daß es vielmehr um begründete Unterschiedlichkeit geht. Den Weg zu solcher Haltung könnte man als Erziehung beschreiben. In unserer Gesellschaft werden Schulen in freier Trägerschaft von vielen Eltern gewählt, weil, so heißt es, dort noch erzogen wird. Sie meinen damit, soweit ich es beurteilen kann, die Annahme des Kindes, des jungen Menschen als ganze Person, das Eingehen auf den Einzelnen. Unausgesprochen, ein bißchen diffus, meint man nicht selten damit die Vermittlung von bestimmten Werten. Mag es, was ungenügend ist, bei manchen nur der sekundäre Wert »Ordnung« sein - »also da ist nicht einfach alles erlaubt« - , mag es - schon sehr viel wichtiger - die Vorstellung eines sozialen Verhaltens sein und nur in recht seltenen Fällen die Hoffnung, die Erwartung, daß ein gelebter Glaube vermittelt werde, so ist doch damit ein Zeitzeichensignal gesetzt: Kinder sind nicht nur ein Prozentsatz in Abiturstatistiken, sie bedürfen der persönlichen, der erzieherischen Ansprache. Allerdings, um kein Mißverständnis aufkommen zu lassen: Schule in freier Trägerschaft ist kein »Antisystem« zur öffentlichen Schule, wie es Georg Picht 1970 bei der Verabschiedung des Strukturplanes für das deutsche Bildungswesen formulierte: »Die freien Schulen hatten schon immer jene erzieherischen Aufgaben zu lösen, die das staatliche Schulwesen seiner Aufgabe nach nicht bewältigen konnte«. Dem widerspreche ich entschieden. Auch öffentliche Schulen dürfen nicht von der erzieherischen Verantwortung Abschied nehmen, und Schulen in freier Trägerschaft sind nicht die Lazarettwagen, die die Opfer der öffentlichen Bildungspolitik aufsammeln.

Auszug aus: »Freie Schule in freier Gesellschaft« von Hanna-Renate Laurien (Berliner Schulsenatorin a.D.)
(mit freundlicher Genehmigung der Autorin)

Freiheit und Vielfalt im Bildungswesen

Waldorfschulen entstehen aus örtlichen Elterninitiativen und werden vom jeweiligen Lehrerkollegium in Selbstverwaltung zusammen mit den Eltern geführt. Jede Waldorfschule ist autonom und somit frei, bis in den Lehrplan eigene pädagogische Ansätze zu entwickeln. Trotz ihres nichtstaatlichen Charakters sind Waldorfschulen allgemein zugänglich, also „öffentliche Schulen" für jedermann.

Epochenunterricht

Merkmal organisatorischer Besonderheiten von Waldorfschulen ist z. B. der Hauptunterricht in den ersten zwei Stunden am Morgen, in denen generell der Klassenlehrer der Klassen 1 bis 8 oder der Fachlehrer ab der Klasse 9 den Unterricht in Epochen von mehreren Wochen pro Fach erteilt. Klassenlehrer geben in der 7. und 8. Klasse auch öfters Epochen an Oberstufenlehrer ab. Die Freie Waldorfschule Engelberg (Baden-Württemberg) hat vor wenigen Jahren die Klassenlehrerzeit auf sechs Jahre reduziert. Außer bei Fremdsprachen, Musik, Sport, Eurythmie, Werk-, Handarbeits- und Religionsunterricht gibt es Hauptunterrichtsepochen in allen Fächern. Der Rechen- sowie der Mathematik- und der Deutschunterricht haben zusätzlich zu den jeweiligen Epochen noch wöchentliche Übstunden. Nicht wenige Waldorfschulen gehen allerdings dazu über, auch andere Fächer am späteren Vormittag epochenweise zu unterrichten.

Im Hauptunterricht können auch große Klassen unterrichtet werden; im Fachunterricht wie z. B. bei Fremdsprachen werden die Klassen oft halbiert, im Werkunterricht eventuell gedrittelt. Der Fremdsprachenunterricht beginnt in Deutschland schon in der ersten Klasse mit Englisch und Russisch oder mit Englisch und Französisch. Die durchschnittliche Unterrichtsgruppengröße ist hier wie auch in anderen Fächern nicht selten kleiner als an anderen Schulen.

Abschlüsse

Zu Aufschlüssen führen, nicht zu Abschlüssen sollte das Ziel jeder Erziehung sein, nämlich Vorbereitung auf eine Biographie, die nach der Schulzeit weitergeht. Dennoch haben auch an der Waldorfschule die Abschlüsse ihren notwendigen Platz. Die Waldorfschulzeit beträgt zwölf Jahre, in denen der Hauptschulabschluß bzw. die Mittlere Reife (in Bran-

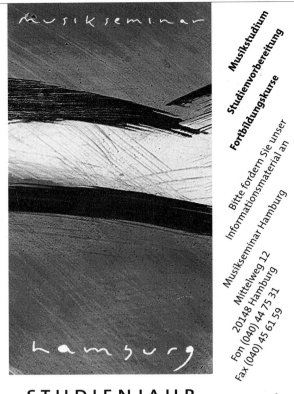

Musikstudium
Studienvorbereitung
Fortbildungskurse

Bitte fordern Sie unser Informationsmaterial an

Musikseminar Hamburg
Mittelweg 12
20148 Hamburg
Fon (040) 44 75 31
Fax (040) 45 61 59

STUDIENJAHR
1998/99
Beginn: 20.10.1998

Medizinisch-Pädagogische Konferenz

Rundbrief für Ärzte, Erzieher, Lehrer und Therapeuten

Herausgeber: Dr. Claudia McKeen, Peter Fischer-Wasels

Aus dem Inhalt von Heft 5/1998:

Gisbert Husemann:
Der Beruf des Schularztes

Sylvia Bardt:
Merkmale großer Einschnitte im Lehrplan der Eurythmie

Manfred Magg:
Linkshändigkeit – Erfahrungen eines Klassenlehrers

Ursula Becher:
Ein Vorschlag zur Überprüfung der Rechenreife

Heinz Frankfurt:
Grundübungen zur Sprachgestaltung

Tagungsberichte – Tagungsankündigungen
Buchbesprechungen
Fragen aus dem Leserkreis – an den Leserkreis

Bestellungen/Abonnements: Medizinisch-Pädagogische Konferenz, Ursula Hanke, Hieberstraße 36, 70567 Stuttgart
Jahresabonnemnt DM 20,–; Einzelheft DM 5,–
Die Medizinisch-Pädagogische Konferenz erscheint drei- bis viermal im Jahr

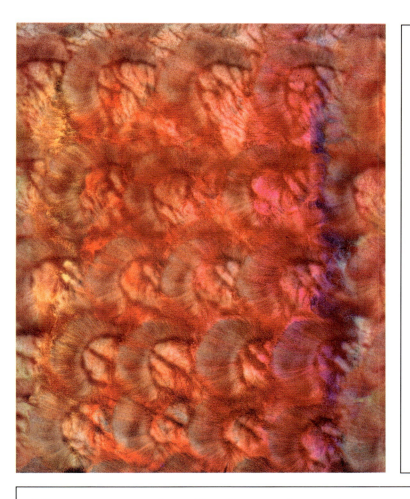

Freie Hochschule
für anthroposophische Pädagogik Mannheim

Kinder brauchen
Waldorflehrer !

Wir bieten an:

Die Grundständige Ausbildung

Fortbildungs- und Umschulungskurse für:

- Lehrer aller Fächer und Interessierte mit abgeschlossenem
  wissenschaftlichem oder künstlerischem Studium
- pädagogisch Interessierte mit abgeschlossener Berufsausbildung

Ausbildungs- und Aufbaukurse
zum Lehrer
an heilpädagogischen Schulen

- für Interessierte mit pädagogischer, künstlerischer
  oder handwerklicher Vorbildung
- ein grundständiger Ausbildungsgang befindet sich
  im Aufbau

Auskunft erteilt: Freie Hochschule

Zielstraße 28 • 68169 Mannheim • Telefon (06 21) 30 94 8-0 • Telefax (06 21) 30 94 8-50

Gemeinschaftskrankenhaus Havelhöhe
Klinik für anthroposophisch erweiterte Heilkunst

Kladower Damm 221, 14089 Berlin, Tel.: (030) 365 01-0

Berlin braucht ein anthroposophisches Krankenhaus!

„Auch in Berlin sollte die anthroposophisch erweiterte Medizin in einem eigenen Haus ihre Chance bekommen!" Mit diesen Worten faßte 1992 Dr. Hans-Peter Seitz als Vorsitzender die Meinung des Gesundheitsausschusses des Abgeordnetenhauses von Berlin zusammen. Ausgangspunkt für die Debatte in diesem Gremium war das im Sommer 1990 von der Senatsverwaltung für Gesundheit und Soziales artikulierte Interesse, in Berlin ein Krankenhaus in anthroposophischer Trägerschaft zu errichten. Da auch die Krankenkassen aus Erfahrungen mit der ambulanten anthroposophischen Medizin diesen patientenzentrierten Ansatz im stationären Versorgungsangebot der Stadt sehen wollten, konnte im Januar 1995 ein ehemals städtisch geführtes Krankenhaus dem „Gemeinnützigen Verein zur Förderung und Entwicklung anthroposophisch erweiterter Heilkunst e.V. Berlin" in die freigemeinnützige Trägerschaft übertragen werden. Bevölkerung, Politik und Krankenkassen bekannten sich so in einem breiten gesellschaftlichen Konsens zu einem Methodenpluralismus in der Medizin.

Seit 1995 findet nun im Gemeinschaftskrankenhaus Havelhöhe ein von außerordentlicher Dynamik geprägter Entwicklungsprozeß statt.

FACHABTEILUNGEN/LEITENDE ÄRZTE
Medizinische Klinik: Allgemein-Innere Dr. Matthias Girke, ☎ 365 01-327; **Diabetologie** Marianne Dimanski, ☎ 365 01-281;
Gastroenterologie Dr. Harald Matthes, Dr. Wolfgang Foertsch, ☎ 365 01-327/-631; **Kardiologie** Dr. Dr. Andreas Fried, ☎ 365 01-281;
Pulmologie Dr. Matthias Girke (komm.), ☎ 365 01-327; **Palliativstation** PD Dr. Christof Müller-Busch, ☎ 365 01-160;
Drogenentzugstherapie Dr. Harald Matthes ☎ 365 01-352;
Chirurgische Klinik: Allgemeinchirurgie Dr. Götz Götze ☎ 365 01-296; **Unfallchirurgie** Holger Herrgesell ☎ 365 01-296;
Thoraxchirugie José Mollinedo-Montenegro ☎ 365 01-100; **Visceralchirurgie** PD Dr. Hans-Peter Lemmens ☎ 365 01-100;
Anästhesie und Schmerztherapie: PD Dr. Christof Müller-Busch ☎ 365 01-160;
Frauenheilkunde und Geburtshilfe: Gynäkologie Dr. Michael Wolf ☎ 365 01-398; **Geburtshilfe** Dr. Ernst Reichelt ☎ 365 01-398;
Neurologie: Prof. Dr. Holger Altenkirch ☎ 365 01-409; **Radiologie und Nuklearmedizin:** Dr. Kurt Howald ☎ 365 01-154.

THERAPIEANGEBOTE

Maltherapie, Plastizieren, Musiktherapie, Heileurythmie, Psychotherapie, Rhytmische Massage nach Dr. Ita Wegman, Massage nach Dr. Pressel, Krankengymnastik, Manuelle Lymphdrainage, Logopädie, Ergotherapie

denburg: die Berufsbildungsreife bzw. die erweiterte Berufsbildungsreife) erworben werden kann. In einem angehängten 13. Schuljahr können Schüler an einer Waldorfschule auch die Abiturprüfung vor einer staatlichen Prüfungskommission (unter Beteiligung der Waldorflehrer) ablegen. Trotz länderweise unterschiedlicher Bedingungen ist diese immer bundesweit anerkannt. Die Quote von Schülern, die einen entsprechenden Abschluß erreichen, liegt ebenso hoch wie an staatlichen Schulen oder höher. Am 2. Juli 1998 veröffentlichte der Berliner »Tagesspiegel« einen Artikel »Gute Noten für Abiturienten: Weniger Schüler fielen durch« (S. 9). Hier wird den Abiturienten der Freien Waldorfschule Kreuzberg beim Abitur 1998 gar der zweite Platz im Vergleich der besten Abiturdurchschnittsnoten unter den Berliner Gymnasien zugesprochen.

Die 15 besten Schulen

1. Heinrich-Hertz-Gymnasium (Friedrichshain), 2. Freie Waldorfschule (Kreuzberg), 3. Canisius-Kolleg (Tiergarten), 4. Max-Planck-Gymnasium (Mitte), 5. Gymnasium Steglitz (Steglitz), 6. Evangelische Schule Frohnau (Reinickendorf), 7. Johann-Gottfried-Herder-Gymnasium (Lichtenberg), 8. Klemperer-Kolleg (Marzahn), 9. Kath. Theresienschule (Weißensee), 10. Ev. Gymnasium zum Grauen Kloster (Wilmersdorf), 11. Gerhart-Hauptmann-Gymnasium (Köpenick), 12. Arndt-Gymnasium (Zehlendorf), 13. H.-Schliemann-Gymnasium (Prenzlauer Berg), 14. Ch.-Wolf-Kolleg (Charlottenburg), 15. Max-Reinhardt-Gymnasium (Hellersdorf).

Zeugnisse

Bei allen Abschlußqualifikationen werden Notenzeugnisse erstellt; ansonsten werden innerhalb der Waldorfschulzeit detaillierte schriftliche Charakterisierungen des Schülers und seiner Leistungen von jedem Lehrer und in jedem Fach gegeben. Formale Versetzungsentscheidungen und damit ein „Sitzenbleiben" gibt es nicht.

Die erste Waldorfschule

Die erste Waldorfschule wurde nach Vorträgen von Rudolf Steiner vor Arbeitern in Stuttgart im Jahre 1919 gegründet, nachdem die Arbeiter der Waldorf-Astoria Zigarettenfabrik von der Persönlichkeit

Den Beruf der Waldorflehrerin/des Waldorflehrers zu

erlernen ist möglich!

Die verschiedensten Vorbildungen und Vorstudien kommen infrage.

**Näheres beim
Lehrerseminar Kassel
Brabanter Straße 43, D-34131 Kassel
Telefon (05 61) 336 55, 372 06, 316 27 86
Fax (05 61) 316 21 89**

DAS GOETHEANUM
Wochenschrift für Anthroposophie

Vielseitig, spirituell vertiefend, wöchentlich aktuell,

zum Beispiel mit folgenden Themen:

• Von der Geist-Gestalt der Waldorfschule
• Zeitgeschehen: Gentechnik, Castor, Kosovo ...
• Porträts von Zeitgenossen und Initiativen
• Anthroposophie in der Öffentlichkeit
• Foren zu Fragen über Eurythmie, Reinkarnation, Kaspar Hauser u.a.

Mit dem Probeabo sechs Wochen kostenlos.

‹Das Goetheanum›, Wochenschrift für Anthroposophie, Postfach, CH–4143 Dornach 1, Tel. +41/61/706 44 64, Fax 706 44 65, e-mail: wochenschrift@goetheanum.ch

Freie Hochschule Stuttgart
Seminar für Waldorfpädagogik

„Sie werden nicht gute Erzieher und Unterrichter werden, wenn Sie bloß auf dasjenige sehen werden, was Sie tun, wenn Sie nicht auf dasjenige sehen werden, was Sie sind." (Dr. Rudolf Steiner am 21. August 1919 vor Gründung der 1. Waldorfschule)

Die eigene Persönlichkeit verwandeln, Gedanken und künstlerische Fähigkeiten so schulen, daß sich die Auffassung vom Menschen erweitert und vertieft, dies sind Voraussetzungen für eine pädagogische Tätigkeit. Die Freie Hochschule Stuttgart - Seminar für Waldorfpädagogik bietet dafür sechs verschiedene Studiengänge sowie eine berufsbegleitende Ausbildung und einen Instrumentallehrerkurs an.

Ausbildungsziele sind die Berufe des Klassenlehrers, des Fach- oder des Oberstufenlehrers an Waldorfschulen, und die Studiendauer beträgt, abhängig von den individuellen Voraussetzungen, zwischen einem und vier Jahren.

Informationen erhalten Sie auf Anfrage, und wenn Sie an unseren Veranstaltungen interessiert sind, laden wir Sie gerne ein.

Freie Hochschule Stuttgart
Seminar für Waldorfpädagogik
Haussmannstraße 44a   D-70188 Stuttgart
Telefon 0711/210940   Telefax 0711/2348913
Internet: www.WaldorfLehrerSeminar.de

Waldorfkindergartenseminar Berlin

Köpenicker Str. 175, D-10997 Berlin, Tel. (030) 612 42 10, Fax 612 42 27

Berufsbegleitende Aus- und Fortbildung

für Pädagogen und Interessierte, die in der Bildung und Erziehung des Kindes von 0 bis 15 Jahren tätig sein wollen:

ErzieherInnen, Sozial-PädagogInnen, HortnerInnen, Tagesmütter
zur Qualifizierung in Waldorfkindergarten, Waldorfhort, anderen Einrichtungen und in der Familie.

Dauer der Aus- und Fortbildung:
Zwei grundständige Studienjahre, sowie ein begleitetes, praxisorientiertes Jahr mit anschließendem Kolloquium. Wöchentlich ca. 8 Unterrichtsstunden, jeweils mittwochs von 17 bis 22 Uhr und zusätzliche Wochenendseminare.

Anmeldung sofort, Beginn nach den Sommerferien.

Schule für Eurythmische Art und Kunst
Leitung: Claudia Reisinger und Kollegium

Argentinische Allee 23
D-14163 Berlin
Tel. 030/802 63 78

Kurzbrief:
Wollen sie gegen den Strom schwimmen?
Dann machen sie die vierjährige Ausbildung zum diplomierten Eurythmisten mit Arbeitsmöglichkeiten als Künstler, Pädagoge und - mit Zusatzstudium- Heileurythmist.
Die Landkarten haben keine weissen Flecken mehr, aber......
...in der Kunst gilt es alles alle Tage neu zu erfinden!

i. A. Alois Winter

und der menschlichen Wärme Rudolf Steiners so tief beeindruckt waren, daß sie sich für ihre Kinder eine Schule mit tieferen Dimensionen wünschten.

Waldorfpädagogik – weltweit und international

Der von Rudolf Steiner entwickelte pädagogische Ansatz ist multikulturell und hat sich in den unterschiedlichsten kulturellen und sozialen Umfeldern unter manchmal schwierigsten Bedingungen umgesetzt, z. B. in den Favelas Brasiliens oder als gemischtrassige Schule unter der Apartheidspolitik Südafrikas. So gab es im Frühjahr 1998 insgesamt 758 Waldorfschulen. In Europa sind es 567, davon die Hälfte in den Niederlanden und in Deutschland. Jedes Jahr kommen derzeit ca. 30 Schulen hinzu. Waldorfschulen sind damit die größte von Staat und Kirche unabhängige Schulbewegung. Sie sind nicht zentral organisiert, schließen sich allerdings in regionalen, nationalen und internationalen Verbänden zusammen und unterhalten eine eigene Lehrerausbildung in derzeit 64 Lehrerseminaren und Hochschulen sowie einer Vielzahl berufsbegleitender Seminare.

Finanzierung der Waldorfschule

Das deutsche Grundgesetz schreibt für Schulen in freier Trägerschaft gleichwertige pädagogische Leistungen und ein Verbot der Sonderung der Schüler nach den finanziellen Verhältnissen der Eltern vor (Artikel 7, Absatz 4). Daraus ergibt sich ein Rechtsanspruch auf Finanzhilfe aus öffentlichen Mitteln, da eine Vollfinanzierung des heutigen Schulstandards über Elternbeiträge eine nur für Wohlhabende zugängliche Privatschule ergeben würde. Letzteres widerspräche auch dem Konzept der sozialen Integration. Ein Sponsoringsystem für freie Schulen gibt es nicht.

Elternbeiträge

Eine Chancengleichheit für alle Schulen besteht in Deutschland allerdings nicht: die gemeinnützigen Schulen in freier Trägerschaft werden gegenüber den staatlichen Schulen finanziell benachteiligt, und zwar in den gegenwärtigen Spardebatten mit zunehmender Tendenz (im Gegensatz z. B. zu Schweden oder den Niederlanden, welche ihre staatlichen Schulen nicht finanziell bevorzugen). Da die staatliche Finanzhilfe mindestens 20 % unter den Durchschnittskosten eines staatlichen Schülers bleibt, klafft eine Finanzierungslücke, die monatliche Elternbeiträge von durchschnittlich etwas über 200 Mark zur Folge hat. Sie werden aber stets abhängig vom Einkom-

Seminar für Waldorfpädagogik Berlin
Köpenicker Str. 175, 10997 Berlin, Tel. 030 / 618 70 73; Fax 612 42 27

Fortbildung und Ausbildung zum/r WaldorflehrerIn für LehrerInnen und HochschulabsolventInnen und handwerklich oder künstlerisch ausgebildete Menschen.

Ausbildungswege
1 Jahr Abendkurs und 1 Jahr Tageskurs
1 Jahr Tageskurs und 1 Assistenzlehrerjahr
3 Jahre Abendkurs
Beginn jeweils September / Oktober

Welcher Ausbildungsweg der jeweils richtige ist, wird gemeinsam in einem gründlichen Beratungsgespräch ermittelt.

ALANUS HOCHSCHULE ALFTER

ARCHITEKTUR
BILDHAUEREI
MALEREI
SPRACHGESTALTUNG/SCHAUSPIEL
EURYTHMIE
KUNSTTHERAPIE
KUNSTPÄDAGOGIK/WALDORFPÄDAGOGIK
KULTURPÄDAGOGIK

Studienbeginn: 29. September 1998
Es gibt noch freie Plätze

Gaststudienangebote:
Sozialkünstlerisches Trimester
„Kunst – Kunst im Sozialen – Sozialkunst"
(14.9. – 18.12.1998)

Graphisches Trimester (4.1. – 22.3.1999)
Künstlerisches Trimester (19.4. – 2.7.1999)

Studieninformationen bitte anfordern:
Alanus Hochschule Alfter
Johannishof, 53347 Alfter
Tel. (0 22 22) 37 13, Fax (0 22 22) 6 08 94
E-mail: info@alanus.edu

Schule für Eurythmische Art und Kunst

Berufsausbildung

zur Eurythmistin / zum Eurythmisten
Dauer: 4 Jahre

Unterrichtsfächer:
Musiktheorie, Sprachübungen, Malen, Plastizieren, Kunstbetrachtung, Anthroposophie, Allgemeine Menschenkunde für Künstler.
Vorbedingungen:
Gute Allgemeinbildung, Mittlere Reife, Interesse an Dichtung, Klassischer Musik und Philosophie.

Bei einem Besuch können Sie jederzeit die Schule kennenlernen.

Info über das Schulbüro: **Argentinische Allee 23 · 14163 Berlin Telefon/Fax (030) 802 63 78**

Wir wollen nicht, daß Sie sich später Vorwürfe machen, weil Sie uns nicht gefragt haben; noch schlimmer, weil Sie uns nicht kannten!
Wenn Sie etwas für Ihre Gesundheit tun wollen, wenn Sie dringend Erholung brauchen:

HAUS AM STALTEN
Die Insel der umfassenden Therapie, der Ruhe und Kultur

Einfach mal unverbindlich fragen – *wir helfen weiter!*

HAUS AM STALTEN   SANATORIUM FÜR ALLGEMEINMEDIZIN
79585 Steinen-Endenburg · Telefon (0 76 29) 91 09-0 · Fax (0 76 29) 91 09-29

REHA-KLINIK SCHLOSS HAMBORN

Einrichtung der
Anthroposophischen Medizin
mit langjähriger Erfahrung.

Heilverfahren für Mütter und Kinder.
Mutter-Kind-Kuren jetzt auch bei uns:

* Neues Konzept
* Kleine Gruppen

Wir senden Ihnen gern unseren
Spezialprospekt und helfen Ihnen
auch bei der Antragstellung.

REHA-Klinik Schloß Hamborn

33178 Borchen

Telefon: 05251-3886-0   Fax: 05251-3886-702

DORA-GUTBROD-SCHULE
für pädagogisch-therapeutische Sprachgestaltung
am Goetheanum

Leitung: Ursula Ostermai

„Was haben die Menschen noch für ein Gefühl von dem, was in dem Worte drinnen liegt? - Jedes Wort, das ohne Bildlichkeit erlebt wird, ist eigentlich eine innerliche Krankheitsursache. Die zivilisierte Menschheit von heute leidet chronisch an demjenigen, was das abstrakte Sprechenlernen, das nicht mehr bildliche Empfinden der Worte in ihr bewirkt.-„

Rudolf Steiner

Grundstudium: Atem- und Stimmschulung   4. Jahr: Menschenkundliche Vertiefung
     Dichtung aller Zeitepochen   und therapeutische Anwendung
     in Epik, Lyrik und Dramatik

Arbeitsbereiche entsprechend Ihrer Vorbildung: Sprachkunst, Pädagogik, Kunsttherapie

Dora-Gutbrod-Schule, Postfach 701, CH-4144 Arlesheim - Tel / FAX. 0041-61-701 51 64

☐ Bitte senden Sie mir weiteres Informationsmaterial.
☐ Ich bin an der Ausbildung interessiert.
☐ Ich möchte gerne Mitglied Ihres Schulvereins werden.

Absender: ....

men in Absprache mit den Eltern bzw. Erziehungsberechtigten festgelegt, um einen Schulbesuch nicht aus finanziellen Gründen scheitern zu lassen. Dieses System der finanziellen Solidarität unter den Schuleltern hat sich an Waldorfschulen bewährt. Ungerecht ist es dennoch, denn Eltern werden doppelt zur Kasse gebeten: Einmal sollen sie über ihre Steuern das staatliche Schulwesen mitfinanzieren; zusätzlich aber trotz grundgesetzlich garantierter freier Schulwahl für den Besuch Freier Schulen zahlen.

Öffentliche Veranstaltungen

An den Schulen finden regelmäßig öffentliche Veranstaltungen statt, darunter auch öffentliche „Monatsfeiern". In kleinen Klassenspielen, Rezitationen und anderen meist künstlerischen Darbietungen zeigen Schüler aller Klassenstufen, was sie sich erarbeitet haben. Auch die großen Klassenspiele der 8. und 12. Klasse werden öffentlich dargeboten. Unregelmäßig finden Einführungsveranstaltungen für interessierte Eltern statt. Einige Waldorfschulen veranstalten einmal im Jahr einen Tag der offenen Tür, an dem jeder Interessent auch im Unterricht hospitieren kann.

Freie Plätze an den Schulen

Insofern noch Platz in der Klasse ist, können Schüler bis in die Oberstufe hinein „quereinsteigen". Telefonisch kann jederzeit bei der jeweiligen Schule erfragt werden, in welchen Klassen es möglich ist, neue Schüler aufzunehmen. Ein verfügbarer Platz ist allerdings noch keine Aufnahmegarantie, da mehrere Kriterien in eine Aufnahmeentscheidung hineinspielen. Insbesondere muß sichergestellt werden, daß der Schüler an der Waldorfschule genügend gefördert werden kann. In den Worten von Hanna-Renate Laurien: „Schulen in freier Trägerschaft sind nicht die Lazarettwagen, die die Opfer der öffentlichen Bildungspolitik aufsammeln." (s.S. 113)

Literatur zur Waldorfpädagogik

Es gibt eine sehr umfangreiche Literatur zur Waldorfpädagogik. Fünf Bücher seien herausgegriffen.

1. Christoph Lindenberg: »Waldorfschulen: Angstfrei lernen, selbstbewußt handeln. Praxis eines verkannten Schulmodells«, Rowohlt 1975

2. Johannes Kiersch: »Die Waldorfpädagogik. Eine Einführung in die Pädagogik Rudolf Steiners«, Reihe Praxis Anthroposophie 47, Verlag Freies Geistesleben, 1997

Hannoversche Kassen

versichern
Mitarbeiterinnen und Mitarbeiter von allen gemeinnützigen Einrichtungen und den Unternehmen, die ihren Mitarbeiterinnen und Mitarbeitern eine betriebliche Altersversicherung gewähren.

bieten
Alters-, Invaliditäts- und Hinterbliebenenversorgung in Form von Rentenversicherungen, Rückdeckungsversicherungen und/oder betriebseigenen Unterstützungskassen.

sind offen
für Ihre Fragen und sagen Ihnen was Ihr Geld tut.

sorgen für Sicherheit,
legen Ihr Geld nach den vom Gesetzgeber vorgeschriebenen Anlageformen an (z.B. erstrangige Hypotheken) und pflegen vielfältige Kontakte zwischen den Versicherten und den Menschen, die mit dem anvertrauten Gelde arbeiten.

gehören den Versicherten
und sind als "non-profit" - Versicherungsunternehmen in der Rechtsform von Versicherungsvereinen auf Gegenseitigkeit (VVaG) gegründet.

gestalten
gemeinsam mit Ihnen Zukunft durch eine sozial und ökologisch orientierte Anlagepolitik.

beraten
Sie gern. Rufen Sie uns an oder schreiben Sie uns.

Hannoversche Kassen Tel. 05 11 - 85 30 18
Fax 05 11 - 85 30 21
Brehmstr. 1 • 30 173 Hannover

HOMÖOPATHIE NATURHEILMITTEL NATURKOSMETIK

Wilmersdorfer Straße 100   10629 Berlin
Telefon 030-883 52 48   Telefax 030-883 47 50

KRANKENHAUS LAHNHÖHE

Überregionale Klinik für ganzheitliche Heilkunde

Leitende Ärzte: Dr. Armin Bruker, Dr. Rolf Bruker · Ärzte für innere Medizin

Das Krankenhaus Lahnhöhe in Lahnstein, das sich vor allem in den letzten zwei Jahrzehnten im Bereich der Medizin um die zunehmende Verwirklichung eines anthroposophischen Impulses bemüht hat, grüßt sein im Gebiet der Pädagogik angesiedeltes geistiges Geschwister, **gratuliert der Berliner Waldorfbewegung herzlich zum 70-jährigen Jubiläum** und wünscht dem anthroposophisch-pädagogischen Leben in Berlin weiterhin eine gedeihliche Entwicklung zum Wohle der anvertrauten Kinder.

„Den Sinn der Welt verwirklicht die von Weisheit erleuchtete und von Liebe durchwärmte Tat des Menschen."

Rudolf Steiner

Das Krankenhaus Lahnhöhe verfügt über 202 Betten für Patienten, deren Erkrankung einen internistisch-psychosomatisch-psychotherapeutisch und/oder einen naturheilkundlich-ernährungs-medizinisch orientierten Behandlungsanteil erforderlich macht. Über das durch die Anthroposophie erweiterte Menschen- und Weltbild wird im Rahmen des therapeutischen Prozesses angestrebt, zu den Einzelfragen des menschlichen Daseins und zur Anwendung der verschiedenen Heilweisen von einem sicheren Standpunkt aus Stellung zu nehmen, um so ein individuelles Behandlungskonzept anzulegen.

Krankenhaus Lahnhöhe · 56107 Lahnstein · Postfach 2194
Telefon 0 26 21 / 915-0 · Fax 0 26 21 / 915-335

Mehr Sauerstoff

für Ihre Gesundheit. Ob Prophylaxe oder Therapie, moderne Sauerstoff-Generatoren liefern Ihnen auf Knopfdruck hochprozentigen Sauerstoff, wann immer und solange Sie ihn brauchen, ohne das etwas nachgefüllt oder ausgetauscht werden muß. Information und Beratung durch

Sauerstoff-Medizin-Technik K. Westphal
12305 Berlin-Lichtenrade ; Zeißpfad 14
Telefon 030-742 53 85

BACHBLÜTENSPEZIALIST

FÜR NATURKOSMETIK & HOMÖOPATHIE

GUSTAV-MÜLLER-STR. 43
AN DER KIRCHE
10829 BERLIN
SCHÖNEBERG

TELEFON/FAX 782 1188

INGRID NIESS APOTHEKERIN

IHRE APOTHEKE FÜR NATURHEILMITTEL

RUDOLF STEINER

Erziehungskunst und Waldorfpädagogik

Die Erziehung des Kindes / Die Methodik des Lehrens und die Lebensbedingungen des Erziehens

TB 658. 173 Seiten,
sFr. 16.80 / DM 17,80 / öS 130,–

Die erste, grundlegende pädagogische Schrift «Die Erziehung des Kindes» über die geistig-seelischen Entwicklungsstufen des Menschen wird ergänzt durch fünf öffentliche Vorträge aus dem Jahr 1924.

Die Waldorfschule und ihr Geist

Welche Gesichtspunkte liegen der Errichtung der Waldorfschule zugrunde?
Drei Vorträge (Einzelausgabe)
88 Seiten, sFr. 16.– / DM 17,– / öS 124,–

Rudolf Steiner hielt diese Vorträge anläßlich der Gründung der ersten Freien Waldorfschule und gibt darin in knapper Form eine Einführung in Grundlagen, Wesen und Geist der ihr zugrundeliegenden Pädagogik.

Die pädagogische Grundlage und Zielsetzung der Waldorfschule

Drei Aufsätze (Einzelausgabe)
40 Seiten, sFr. 9.– / DM 10,– / öS 73,–

Eine Orientierung über die sozialen und pädagogischen Impulse, die 1919 zur Begründung der ersten Freien Waldorfschule führten.

Sonderprospekt kostenlos über Ihren Buchhändler oder vom Verlag
(Postfach 135, CH 4143 Dornach, E-mail: steiner-verlag@magnet.ch)

Die geistig-seelischen Grundkräfte der Erziehungskunst

Spirituelle Werte in Erziehung und sozialem Leben
GA 305. 13 Vorträge, 264 Seiten,
Ln sFr. 52.– / DM 56,– / öS 409,–
TB 604: 18.80 / 19,80 / 145,–

Diese umfassende Darstellung einer neuen Pädagogik gab Rudolf Steiner 1922 im Rahmen eines internationalen Kongresses in Oxford.

Die Erziehungsfrage als soziale Frage

Die spirituellen, kulturgeschichtlichen und sozialen Hintergründe der Waldorfschul-Pädagogik
GA 296. 6 Vorträge, 128 Seiten,
Ln sFr. 35.– / DM 38,– / öS 277,–
TB 735: 14.80 / 15,80 / 115,–

Diese Vorträge hielt Rudolf Steiner unmittelbar vor Gründung der ersten Freien Waldorfschule

Die gesunde Entwickelung des Menschenwesens

Eine Einführung in die anthroposophische Pädagogik und Didaktik («Weihnachtskurs» für Lehrer)
GA 303. 16 Vorträge, 384 Seiten,
Ln sFr. 62.– / DM 68,– / öS 496,–
TB 648: 18.80 / 19,80 / 145,–

Eine umfassende Gesamtdarstellung der menschenkundlichen Grundlagen der Waldorfschulpädagogik und -Didaktik.

Die pädagogische Praxis vom Gesichtspunkte geisteswissenschaftlicher Menschenerkenntnis

Die Erziehung des Kindes und jüngeren Menschen
GA 306. 8 Vorträge, 216 Seiten,
Ln sFr. 44.– / DM 48,– / öS 350,–
TB 702: 16.80 / 17,80 / 130,–

Ein einführender Kurs mit vielen Beispielen aus der Unterrichtspraxis, den Rudolf Steiner 1923 vor über 150 Schweizer und ausländischen Lehrern und Eltern hielt.

RUDOLF STEINER VERLAG
Anthroposophie im Original

3. Eine neuere Betrachtung im Zusammenhang mit Montessori- und Freinetpädagogik findet man in: Achim Hellmich und Peter Teigeler (Hrsg.): »Montessori-, Freinet-, Waldorfpädagogik. Konzeption und aktuelle Praxis«, Beltz Grüne Reihe 1994

4. Der pädagogische Zusammenhang zwischen „Handarbeit" und „Kopfarbeit" wird anhand von vielen Beispielen umfangreich behandelt in: Michael Martin (Hrgb.): »Der künstlerisch-handwerkliche Unterricht in der Waldorfschule«, Verlag Freies Geistesleben 1991. (Michael Martin ist auch ehemaliger Schüler der ersten Rudolf Steiner Schule in Berlin.)

5. Stefan Leber (Hrgb.): »Anthroposophie und Waldorfpädagogik in den Kulturen der Welt«, Porträts aus elf Ländern und zwei grundlegende Beiträge von Walter Liebendörfer und Stefan Leber, Reihe Praxis Anthroposophie 50, Verlag Freies Geistesleben, 1997. In seinem Beitrag geht Leber auf den gelegentlich im Bereich der Publizistik geäußerten „Rassismusvorwurf" ein.

Die »Erziehungskunst«, eine Monatsschrift zur Pädagogik Rudolf Steiners, ist über den Buchhandel erhältlich und informiert über die Praxis der Waldorfpädagogik.

Filme zur Waldorfpädagogik

1. Der Film »AugenBlicke in die Zukunft - Waldorf-Pädagogik weltweit« zeigt Waldorfpädagogik in Süd-Afrika, Rußland, Israel, Brasilien, Überlingen und am Potsdamer Platz in Berlin. Er ist als Video (Dauer: 60 Minuten) bei den „Freunden der Erziehungskunst e.V.", Köpenickerstr. 175, 10997 Berlin zu beziehen (Tel. 030 61 70 26 30, Fax 030 61 70 26 33), auf Anfrage auch in englischer, spanischer und russischer Sprache. Siehe auch den Anzeigenteil dieser Festschrift.

2. Der Film »Das Lernen lieben« porträtiert die Unterrichtspraxis der Freien Waldorfschulen in Deutschland. Er ist als Video (Dauer: 75 Minuten) beim Verlag Freies Geistesleben, Landhausstr. 82, 70190 Stuttgart zu beziehen (Tel. 0711 28 53 200, Fax 28 53 210), oder über den Buchhandel.

3. Der Film »Andere Köpfe auf unseren Schultern«, eine Produktion des Bayrischen Rundfunks (Dauer: 30 Minuten) kann bei einigen Landesbildstellen und

SIEBENKORN

SEIT 20 JAHREN IHR NATURWARENMARKT
Nahrungsmittel aus Biologisch-Dynamischem Anbau

- Gemüse und Obst in großer Auswahl
- Täglich frisches Brot und andere Backwaren
- Milch und Milcherzeugnisse, über 50 Sorten Käse
- Fleisch- und Wurstwaren
- Eine große Palette preiswerter Naturköstlichkeiten
- Naturkosmetik: Weleda, Wala u. a.
- Turmalin-Baby-Wickelsystem
- Wasch- und Reinigungsmittel
- Bücher
- Auro-Naturfarben – und vieles mehr
- Lieferservice

12165 Berlin (Steglitz) · Schützenstraße 9 (Nähe Kreisel) · Telefon 791 62 14
Wir freuen uns auf Ihren Besuch.
Durchgehend von 9.00–18.00 Uhr geöffnet · Samstag von 9.00–13.00 Uhr

---

Domäne Dahlem
Bioland-Betrieb und Hofladen

- Frisches Angebot an Gemüse, Kartoffeln, Blumensträußen
- Ausgewähltes Naturkostsortiment
- Nach Schlachtung: Lammfleisch, Domänenbratwurst und Speck
- Ökomarkt: Samstag (ganzjährig) und Mittwoch (saisonal)

Domäne Dahlem • Landgut und Museum
Stiftung Stadtmuseum Berlin
Verein der Freunde der Domäne Dahlem
Königin-Luise-Str. 49, 14195 Berlin
Tel.: 832 50 00, Fax: 831 63 82
U-Bahn Dahlem Dorf, Busse 110, 183, X11, X83

VIVAVERDE ®
NATURTEXTILIEN

SEIT 15 JAHREN MODE UND WÄSCHE ZUM WOHLFÜHLEN FÜR ERWACHSENE, KINDER UND BABYS.

T.i.R.

eine WohlTat.

MOTZSTR. 28 • BERLIN-SCHÖNEBERG • TEL. 213 33 61

Weichardt Brot
10715 Berlin - Mehlitzstr. 7 - ☎ 8 73 80 99
Montags geschlossen

...das Brot aus **demeter** Getreide!

Frisch und schonendst auf eigener NATURSTEIN-MÜHLE vermahlen, zeichnet sich über 20 Jahre unsere konsequente Ferment-Führung durch höchste Qualität aus.

Guten Appetit!

Mehlitzstr. 7 · 10715 Berlin · Tel. 873 80 99 · Fax 86116 99

Gescheites für Kinder
zum Spielen und Anziehen aus Naturmaterialien

am Bahnhof Zehlendorf
Teltower Damm 40
Telefon: 815 67 93
Öffnungszeiten:
Montag bis Freitag: 10–18.00 Uhr
Samstag: 10–13.00 Uhr

KRABBELFASS

KLAVIERWERKSTATT

Wolfgang Langensiepen
Klavier- und Cembalobauer/ -stimmer

Zeißpfad 18   12305 Berlin
Tel.: 743 59 06 Fax 74 37 46 52

Stimmungen für Konzert und privat, Reparaturen
Verkauf von überholten Instrumenten, Aufarbeitungen, Klavierbänke

---

Kaiserin-Augusta-Apotheke

Wir nehmen uns Zeit für Sie.

Beratung zu:
- Naturheilmitteln
- Homöopathie
- Diabetes
- Diätberatung
- Inkontinenz
- und vielem mehr.

Unsere Dienstleistungen für Sie:
- Blutuntersuchungen
- Anmessen von Kompressionsstrümpfen
- Verleih von elektrischen Milchpumpen, Babywaagen und Inhalationsgeräten

Apotheker: Christian Hoyer, Tempelhofer Damm 193, 12099 Berlin
Telefon 75 70 24 74, Fax 75 70 24 76

GÄRTNERHOF GmbH
Garten- und Landschaftsbau
Kurhausstraße 30 – 34, 13467 Berlin
Tel. 030 / 404 90 04, Fax 030 / 404 90 05

- naturgemäße Gartenpflege
- Baumpflege
- Gartenplanung
- Staudengärtnerei am Dominikus

Gegen uns ist kein Kraut gewachsen
Wir machen aus Flächen Gärten, aus Dächern Grünanlagen
und aus Teichen Biotope. Naturnah und ökologisch.
Garten- und Landschaftsbau
Wir wollen Bäume, die in den Himmel wachsen.
Im Hof, auf der Straße, im Garten und im Park. **Baumpflege**
Wir schneiden Hecken und pflanzen Beete.
Wir haben grüne Ideen und geben fruchtbare Tips. **Gartenpflege**
Wir treiben florierenden Handel mit Biodünger, Pflanzen und
Stauden aus eigener Gärtnerei. **Beratung und Verkauf**
Wir wachsen und gedeihen seit 16 Jahren.
Selbstverwaltet und (bio)dynamisch.

der Koordinationsstelle für Öffentlichkeitsarbeit, Rudolf Steiner Schule, Auf dem Grat 1-3, 14195 Berlin als Video ausgeliehen werden. Das Begleitheft zum Schulfunk und Schulfernsehen (Ausgabe März 1997), mit einem kurzen Begleittext zum Film, kann kostenlos vom Bayrischen Rundfunk bezogen werden.

4. Der amerikanische Film »Waldorf Education - A Vision of Wholeness« (Dauer: 16 Minuten) ist als Video (nur NTSC Version!) erhältlich von der Anthroposophic Press, 3390 Route 9, Hudson, New York 12534, USA.

Freunde der Erziehungskunst Rudolf Steiners

Die Freunde der Erziehungskunst Rudolf Steiners e. V. arbeiten im Rahmen der internationalen Zusammenarbeit der Waldorfschulen, Waldorfkindergärten und heilpädagogischen Institute durch Beratung, Spendensammlung und Spendenweiterleitung weltweit.
Köpenicker Str. 175, 10997 Berlin
Tel. (030) 617 026 30, Fax (030) 617 026 33

Seminar für Waldorfpädagogik Berlin e. V.

Lehrerinnen und Lehrer gesucht

Die Waldorfschulen suchen engagierte Menschen, die Freude an der Arbeit mit Kindern und Jugendlichen haben und bereit sind, sich neuen Wegen zu öffnen. Arbeitsmöglichkeiten für zukünftige Klassen-, Oberstufen- und Fachlehrer/-innen sind an bestehenden und sich im Aufbau befindlichen Waldorfschulen genügend vorhanden.

Aufnahmevoraussetzung ist, neben einer guten Allgemeinbildung und dem Entschluß, sich mit den anthroposophischen Grundlagen der Waldorfpädagogik zu befassen, entweder

PRAXIS ANTHROPOSOPHIE · FREIES GEISTESLEBEN

STEFAN LEBER (HRSG.)

ANTHROPOSOPHIE UND WALDORFPÄDAGOGIK IN DEN KULTUREN DER WELT

50

Stefan Leber / Walter Liebendörfer
Anthroposophie und Waldorfpädagogik in den Kulturen der Welt

Mit Beiträgen aus Ägypten, Brasilien, Ghana, Südafrika, Indien, Israel, Japan, Korea und den USA. Originalausgabe. 260 Seiten
DM 19,80 / öS 145,– / sFr 19,80
ISBN 3-7725-1250-X

Erwachen zu individueller Wesensbegegnung

«Ein Mensch, der heute von dem Ideal von Rassen und Nationen und Stammeszugehörigkeit spricht, der spricht von Niedergangsimpulsen der Menschheit.»
Rudolf Steiner

Menschen aus Ägypten, Brasilien, Ghana, Südafrika, Indien, Israel, Japan, Korea und den USA schildern, wie wichtig Anthroposophie und Waldorfpädagogik für die Entwicklung ihrer Länder sind.

 Verlag Freies Geistesleben

Gärtner Atelier für Leierbau

Gärtner Atelier für Leierbau
Schüler- und Meisterinstrumente
Reparatur, Auffrischung und Neubesaitung
(Farbkatalog für 10 DM)
Fritz-Arnold-Str. 18
D-78467 Konstanz
Tel (07531) 61785
Fax (07531) 66187
Internet
http://www.leier.de

seit 1926

WIR GRATULIEREN
DER RUDOLF·STEINER·SCHULE

LUNA

Vollwertiges Mittagessen für Kinder
Lieferant für diverse Waldorfeinrichtungen
Großhändler für Lebensmittel
aus kontrolliert biologischem Anbau

GmbH
Geschäftsführer: R.Hoppe

Gewerbehof 1-9
13597 Berlin
Tel.: (030)351 02 333
Fax.: (030)351 02 335

MUSIKALISCHES ZENTRUM
Horst Klammer

Unterricht, Kurse,
Konzerte

Klavier, Clavichord,
Hammerflügel, Violine

Berlin-Zehlendorf
Fon 030-84 50 90 70
Fax 030-84 50 90 72

Steglitzer BLICK

26

Mit individueller Glas- und Fassungsberatung

Inh. P. Francke
Steglitzer Damm **26**
12169 Berlin
Telefon/Fax 794 10 575

Sterngucker
Bücher · Spielzeug · Wäsche

Spreewaldplatz 4
10999 Berlin-Kreuzberg

Telefon 617 51 35
U-Bahn Görlitzer Bahnhof

• ein pädagogisches Hochschulstudium mit mindestens erstem Staatsexamen *oder*

• ein abgeschlossenes Hochschulstudium in einem für den späteren Unterricht relevanten Fach *oder*

• eine abgeschlossene Berufsausbildung.

Die folgenden Ausbildungswege führen, sofern die allgemeinen Ausbildungsvoraussetzungen erfüllt sind, zu einem qualifizierten Abschluß, der in einer Studienurkunde bescheinigt wird:

• 1 Jahr Abendkurs und 1 Jahr Tageskurs

• 1 Jahr Tageskurs und 1 Assistenzlehrerjahr

• 3 Jahre Abendkurs

Welcher Ausbildungsgang der richtige ist, hängt von den individuellen Voraussetzungen der Bewerber/innen ab und wird gemeinsam in einem gründlichen Beratungsgespräch ermittelt.

Der Abendkurs findet montags zwischen 17.00 und 21.30 statt. Er beginnt jeweils Anfang Oktober und dauert bis Juni des folgenden Jahres. Etwa alle 6 Wochen findet eine Wochenendarbeit am Freitagabend und Samstag statt. Die Teilnahme an diesen Wochenendveranstaltungen ist verbindlich. Darüber hinaus ermöglichen Hospitationen und Praktika das Miterleben des Unterrichtsalltags an Waldorfschulen und die Erprobung eigener pödagogischer Fähigkeiten unter der Anleitung erfahrener Kollegen.

Der Einführungskurs als Zusatzveranstaltung für Neuanfänger/innen findet jeweils Anfang Oktober bis zu den Weihnachtsferien dienstags von 17.00 bis 21.30 Uhr statt.

Das Assistenzlehrerjahr im Anschluß an den erfolgreich abgeschlossenen Abend- oder Tageskurs bietet die Gelegenheit zu gründlich betreuter Einarbeitung mit Begleitung des Seminars.

Köpenicker Str. 175
10997 Berlin
Tel. (030) 618 70 73
Fax (030) 612 42 27

Bücher? – Beim Buchhändler!

B Ü C H E R E I
Für Geisteswissenschaft und soziale Frage

Buchhandlung und Antiquariat
Mo–Fr 9–18 Uhr, Sa 9–13 Uhr

Jott wee dee,
ganz weit draußen,
aber nicht ganz
hinter'm Mond …

im S-Bahnhof Mexikoplatz, 14163 Berlin
Telefon 802 93 04

DAS BÜCHER-KABINETT

MITTENDRIN. FAST AM KU'DAMM,
ÄLTESTE FACHBUCHHANDLUNG
FÜR ANTHROPOSOPHIE IN BERLIN.
(AUCH IN RUSSISCHER SPRACHE)

KINDER- UND JUGENDBÜCHER,
LITERATUR UND VIELES MEHR.

BLEIBTREUSTRASSE 34/35 · 10707 BERLIN-CHARLOTTENBURG
TELEFON 030/881 14 03 · FAX 030/881 14 43

MO–FR 10–19 UHR, SA 10–16/18 UHR, FREITAGS BIS 20 UHR
(BUS 109, 119, 129, 219)

Ihr Spezialist für

**Whale-Watching-Touren
Regenwald-Touren in Costa Rica
und sanften Tourismus weltweit**

*Colibri
Umwelt Reisen
und die Welt
wird grüner*

Jörg Drews
Sophienstr. 5
10178 Berlin
Tel. (030) 283 90 232/3
Fax (030) 283 90 234

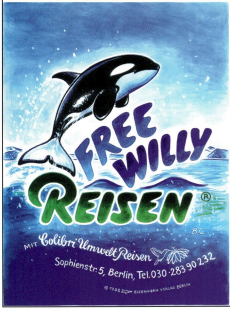

Wir bringen Sie umwelt-
freundlich zu den schönsten
Naturschauplätzen unserer
Erde, Bei allen Flugreisen
pflanzen wir als erster und
bislang einziger deutscher
Veranstalter Bäume zum
Ausgleich der Klimabilanz.
Bei der Organisation von
Gruppen- und Klassenreisen
unterstützen wir Sie gerne.
Kommen Sie doch einfach
bei uns vorbei
(Mo–Fr 9.30–13.00 und
14.00–18.30) oder fordern
Sie unseren aktuellen
Katalog telefonisch an.

**Sophienstraße 5
10178 Berlin
Tel. 030 283 90 232/3
Fax 030 283 90 234**

LUISE
am Roseneck

☎ 826 27 30

Mode & Geschenke
Naturfaser und Farbe ist Trumpf

Ruhlaer Straße 15
14199 Berlin-Schmargendorf

AN DER ELISABETHKIRCHE GMBH

Inh. Elke Jendrzejewski

Strelitzer Straße 61 · 10115 Berlin
Telefon (030) 448 49 90 · Fax 448 49 88

Innenausbau · Einbauschränke
Möbel · Küchen
Praxiseinrichtungen · Fenster · Türen

FÜR DIE WALDORF-ZUKUNFT VIEL KRAFT!
Wir gratulieren zum 70.!

Abb.
farbige Aufkleber
(PVC- und schwermetallfrei)
∅ 12 cm und ∅ 4,5 cm

EISENKORN VERLAG

ATELIER
FÜR KUNST, TYPOGRAFIE
UND DESIGN

künstlerisch-
charaktervolles Design
unter Berücksichtigung von
Umweltkriterien produziert

– in Ihrem Auftrag
für Ihr Unternehmen

– auch speziell für
Waldorfschulen, Waldorf-
kindergärten, Waldorf-
einrichtungen und
Waldorfinitiativen

– Wir gestalten anspruchs-
volle Druckerzeugnisse jeder
Art und betreuen gerne
ebenfalls die Herstellung.

– z. B. Postkarten, Aufkleber
(PVC- und schwermetallfrei),
Poster, Kalender, Flyer,
T-Shirts und vieles mehr

– Die Motive unserer
eigenen Edition (siehe z. B.
Abb.) können Sie direkt bei
uns bestellen.

**Tel./Fax 030 803 74 85
EISENKORN VERLAG
14129 Berlin, Quendelsteig 8**

Lehrerseminare in Deutschland

An den folgenden Lehrerseminaren bestehen Ausbildungsgänge zum Lehrer an Freien Waldorfschulen. Die Studiengänge unterscheiden sich stark voneinander. Genauere Informationen geben die jeweiligen Seminare.

Seminar für Waldorfpädagogik Berlin
10997 Berlin, Köpenicker Str. 175
Tel. (030) 6187073, Fax (030) 6124227

Seminar für Waldorfpädagogik in Hamburg
22083 Hamburg, Hufnerstr. 18
Tel. (040) 2983030, Fax (040) 20978607

Waldorflehrer-Seminar Kiel
24109 Kiel, Rudolf Steiner Weg 2
Tel. (0431) 5309130, Fax (0431) 5309131

Lehrerseminar für Waldorfpädagogik
34131 Kassel, Brabanterstr. 43
Tel. (0561) 9375845, Fax (0561) 3162189

Institut für Waldorfpädagogik
58454 Witten/Ruhr, Annener Berg 15
Tel. (02302) 9673-0, Fax (02302) 68000

Freie Hochschule
für anthroposophische Pädagogik Mannheim
68169 Mannheim, Zielstr. 28
Tel. (0621) 309480, Fax (0621) 3094850

Freie Hochschule Stuttgart,
Seminar für Waldorfpädagogik
70188 Stuttgart, Haussmannstr. 44 a
Tel. (0711) 210940, Fax (0711) 2348913

Pädagogisches Fachseminar für Leibeserziehung
an Freien Waldorfschulen
79100 Freiburg-Wiehre, Schwimmbadstr. 29
Tel. (0761) 77017, Fax (0761) 77019

Pädagogisches Seminar an der
Rudolf Steiner Schule
90491 Nürnberg, Steinplattenweg 25
Tel. (0911) 59860, Fax (0911) 5986200

Rietze & Partner GbR mbH

Ihr kompetenter Ansprechpartner im Süden von Berlin für

- **die Immobilienvermittlung bei Verkauf und Vermietung**
- **oder Haus- und Grundstücksverwaltungen**

Zimmermannstraße 33   Telefon 030/797 10 01
12163 Berlin   Fax 030/793 10 27

Nutzen Sie unsere fast 20jährige Erfahrung bei der Betreuung von gemeinnützigen Einrichtungen.
Referenzen auf Anfrage

Euco GmbH
**Gesellschaft für Unternehmensberatung
Beethovenstraße 35, 12247 Berlin
Telefon (030) 76 99 19-0   Fax (030) 76 99 19-99**

Gleichfeld Gebäudereinigung

Dahlmannstraße 2   Telefon 3 23 90 32
10629 Berlin   Telefax 3 23 86 09

... bringt's ins Reine

Eingetragener Meisterbetrieb
seit 1949

TÜV CERT
DIN EN ISO 9001
011009702009

Über 75 Jahre
BORKOWSKI UMZÜGE
Ruf 801 80 11

Spezialist für gute Umzüge im Nah- und Fernverkehr

Tragetuchanpassung
Beratung zu natürlichen Wickelmethoden
Info-Veranstaltungen

· Baby- und Kleinkinderkleidung aus natürlichen Materialien
· Alternative Wickelsysteme
· Stillkissen und Still-BHs
· Tragetücher und Tragehilfen
· Pflanzengegerbte Felle
· Bücher zum Thema

geburtshaus
laden
Sachen für kleine Menschen

Gardes-du-Corps-Str. 3
14059 Berlin
Tel. und Fax: 030/325 88 90
Mo.-Fr. 10.00-18.00 Uhr
Sa. 10.00-14.00 Uhr

---

seit 1885

Otto Ebeling

Zeichenbedarf
Grafik und Design Material
Künstlerbedarf

Fuggerstraße 43 - 45
10777 Berlin

Tel 211 46 21
211 46 27
Fax 213 49 27

Öffnungszeiten
Mo - Mi   8.30 - 18.30 Uhr
Do - Fr   8.30 - 20.00 Uhr
Sa   10.00 - 15.00 Uhr

A PLACE TO FORGET ABOUT THE WORLD

SALOMON BAGELS

Brötchen mit Loch
*Joachimstaler Str. 13 - Nähe Zoo
*Potsdamer Platz Arkaden - Shop 102
Tel: 8818196

Hier ist Berlin

Jetzt auch am Kladower Damm 221
im Eingangsbereich des
Gemeinschaftskrankenhauses Havelhöhe

Kunsthandwerk
& Bücher

Kunsthandwerk
Holzspielzeug – Spiele – Waldorfpuppen
Kunstkarten – Drucke – Bilderrahmen
Steine – Keramik – Malen – Basteln
Eurythmiestäbe und -kugeln

Musikinstrumente
Flöte – Kantele – Leier – Psalter – Harfe
Xylophon – Bandoneon – Triangel – Trommel
Klangspiel – Glockenspiel – Spieluhr – u. a.

Fachbuchhandlung
Anthroposophie und Waldorfpädagogik
Kinder- und Jugendbuch – Kunstbände

Deitmerstraße 9A · 12163 Berlin (Steglitz)
U9 Schloßstraße – **S1** Rathaus Steglitz
Telefon 030 - 791 40 81
Mo – Fr 10 –18 Uhr, Sa 10 –14 (16) Uhr
langer Donnerstag

FAMILIEN
FORUM

Für die Monate vor und nach der Geburt
Kreuzberg -Tempelhof

Geburtsvorbereitung
Wochenbettgymnastik

Schwangerengymnastik,
Yoga, Schwangerenschwimmen,
Babymassage, PEKiP,
Tragekurse, Schreiambulanz

Koordination: Clarissa Schwarz
Telefon: 252 99 460

Weitere verwandte Einrichtungen in Berlin

Michael Tschechow Studio Berlin

Neben der Vermittlung handwerklicher Grundlagen geht es in der Tschechow-Technik um ein spezielles psychologisch-physisches Schauspieltraining, um die Ausbildung von Konzentration und Imagination sowie die Verkörperung einer durch die Imagination entwickelten Bühnenfigur.
Eisenbahnstr. 21, 10997 Berlin,
Tel. (030) 61 10 89 40, Fax (030) 61 10 89 39

 Kunstschule Kreuzberg
Julius - Hebing - Malschule e. V.

Die Kunstschule bietet einen einjährigen Grundkurs in Malen, Zeichnen und Plastizieren, sowie eine darauf aufbauende zwei- bis dreijährige Ausbildung in Malerei. Leitung: Jobst Günther, Sigrid Günther. Alte Jakobstr. 10, 10969 Berlin,
Tel. (030) 615 28 26

 Schule für Eurythmische Art und Kunst

Vierjährige künstlerische Berufsausbildung mit Abschlußdiplom. Freizeitkurse werden auch angeboten. Argentinische Allee 23, 14163 Berlin, Tel. (030) 802 63 78

Anthroposophisch-pädagogisches Seminar

Dreijähriges Einführungs-Seminar in die Grundlagen der Anthroposophie und ihrer Menschenkunde mit künstlerischen Übungen. Neubeginn 1999. Leitung: Peter Tradowsky. Anmeldung über das Rudolf-Steiner-Haus, Bernadottestr. 90/92, 14195 Berlin, Tel. (030) 84 10 80 22

TREPPENS

Sämereien · Blumenzwiebeln · Gartenbedarf

Seit über 100 Jahren der zuverlässige Partner für Gartenbesitzer, Gärtnereien und Gartenämter.

Alles für den Garten
Fachberatung, Lieferservice, Parkplatz vor der Tür.
Großauswahl in Gartenbedarf,
Sämereien und Blumenzwiebeln.
Katalog auf Anfrage.

Albert Treppens & Co. Samen GmbH
Berliner Straße 84–88 · 14169 Berlin (Zehlendorf)
Telefon (030) 811 33 36 · Fax (030) 811 43 04

DER PFLUG

Natur- und menschengemäße Erzeugnisse

Berlin-Schmargendorf
Hohenzollerndamm 136 (Ecke Landecker Straße)
Telefon/Fax (030) 823 66 96
Mo-Fr 9-18 h, Sa 9-13 h

NATURKOSTGENUSS

• **Die Tüte**
Naturkost für die Woche

• **Gemüse und Obst**
in gewohnter Frische

• **Käsespezialitäten**

• **Milchprodukte**
in großer Auswahl

Am Rande des Grunewalds und trotzdem nur fünf Minuten von den Verkehrsmitteln U-Bahnhof Onkel-Toms-Hütte und Bus 211 entfernt

Reiterverein Onkel-Toms-Hütte e.V.

Wir bieten Ihnen:
Einstellplätze für 80 Pferde
Paddocks
Reithalle 20 x 65 m
mehrere Außenplätze
Reiterschänke
Vielseitige Veranstaltungen
Dressur- und Springausbildung
Voltigieren für Kinder ab 6 Jahren
Anfänger- und Longenunterricht
Jugendliche und Erwachsene
Einzel- und Gruppenausbildung
Speziallehrgänge
Reitabzeichen- und Reiterpaß
Ausritte in den Grunewald
Quadrillenreiten
Therapeutisches Reiten

Bürozeiten:
Dienstag bis Freitag
9.00–13.00 Uhr
14.30–18.00 Uhr
Samstag
9.00–13.00 Uhr
15.00–18.00 Uhr
Sonntag
10.00–13.00 Uhr

Onkel-Tom-Straße 172 · 14169 Berlin (Zehlendorf)
☎ 030 / 813 20 81 · Fax 030 / 813 74 61

Handel mit natürlichen Baumaterialien

- Pflanzenfarben und Lacke
  (für innen und außen)
- Öle und Wachse
- Fußbodenbeläge
  (aus Sisal, Kokos, Wolle, Kork u. a.)
- Dielung, Parkett, Naturstein
- Dämmstoffe, Putze
- Lehmbaustoffe
- Fenster und Türen aus Holz
- Möbel nach Maß

Für die Ausführung vermitteln wir Ihnen gerne Fachfirmen

Inh. Elke Szukal
Tucholskystraße 22 · 10117 Berlin
Telefon 030 / 283 21 00 · Fax 030 / 2 83 59 71

Sanitär. Heizung.
BERGMANN & FRANZ Nachf.

Himmlische Bäder haben eine irdische Adresse!

Bäderausstellungen:
Lützowstraße 74
10785 Berlin (Tiergarten)
☎ (030) 26 08 - 16 48

Wilhelmsaue 31
10713 Berlin (Wilmersdorf)
☎ (030) 8 21 30 02

Ehrig-Hahn-Straße 1
16356 Blumberg
☎ (030) 26 08 - 16 34

Fliesenausstellung:
Gottlieb-Dunkel-Straße 20/21
12099 Berlin (Tempelhof)
☎ (030) 26 08 - 15 64

Waldorfkindergartenseminar Berlin

Aus- und Fortbildung neben eigenem Beruf für Klein-kindpädagogik, Waldorfkindergarten, Hort, Heim und Familie. Zwei grundständige Studienjahre so-wie ein begleitendes, praxisorientiertes Jahr. Wö-chentlich ca. 8 Unterrichtsstunden. Beginn jeweils nach den Sommerferien.
Köpenicker Str. 175, 10997 Berlin,
Tel. (030) 612 4210, Fax (030) 612 4227

Schule für künstlerische Therapie
Vierjährige Halbtagsausbildung für künstlerische Therapeuten; Malen, Zeichnen, Plastizieren, me-dizinische Menschenkunde, Pädagogik, Heilpäd-agogik. Leitung: Katharina Gutknecht.
Westfälische Str. 82, 10709 Berlin,
Tel./Fax (030) 861 43 81

MUSIKTHERAPEUTISCHE ARBEITSSTÄTTE E.V.

Vierjähriger Studiengang für Musiktherapeuten in Blockkursen. Fort- und Weiterbildung. „Edition Mensch und Musik". Herausgabe von Noten und Schriftmaterial für Musiktherapeuten. Leitung: Pe-ter Fausch
Kladower Damm 221, 14089 Berlin,
Tel. (030) 791 64 41

Anthroposophische Hochschulgruppe

Die anthroposophische Hochschulgruppe bietet semesterbegleitende Arbeitsgemeinschaften und Lesekreise in einem von Studenten selbstverwalte-ten Wohnprojekt an.
Bornstr. 11, 12163 Berlin,
Tel. (030) 852 42 72 (Tobias Bergmann)

Freude an Farbe und Form

Wachsfolien

Aquarellfarben

Wachsmalfarben

Knetbienenwachs

Stockmar-Produkte beeinträchtigen die Gesundheit des Menschen und seine Umwelt in keiner Weise.

ständige Rohstoffkontrolle

STOCKMAR

Hans Stockmar GmbH & Co KG
Postfach 1451 · 24562 Kaltenkirche
Internet http://www.stockmar.de

DAUSIEN

Reformhaus

Treffpunkt
gesunden Leben

Schloßstraße 102, Ecke Deitmerstraße	Steglitz	Telefon 791 62 89
Markelstraße 1, gegenüber Karstadt	Steglitz	Telefon 79 70 79 08
Hauptstraße 134	Schöneberg	Telefon 781 44 37
Kaiser-Wilhelm-Straße 75–77	Lankwitz	Telefon 774 13 36
Steglitzer Damm 35	Steglitz	Telefon 796 61 16
Oberhofer Weg 1	Lichterfelde	Telefon 772 18 74

Märkische Kiste

Naturkost-Lieferservice

Naturkost-Produkte
vor allem aus der Mark Brandenburg

Gemüse, Obst
und vieles mehr – aus ökologischem Anbau

bequeme Lieferung

direkt ins Haus

Märkische Kiste – Naturkost-Service
ökologisch – frisch – zuverlässig
Röblingstraße 152–154 · 12105 Berlin
Telefon 030/75 48 95 70 · Fax 030/75 48 95 71

"Die Menschen aber haben das Wasser verändert ..."

**Schadstoffanalysen · Fachliteratur
Kohle-Filter · Umkehr-Osmose-Geräte
Dampfdestillierer · Energetisierung
Kalkwasserbehandlung · Luftwäscher
Champion-Entsafter · Allergiker-Sauger
Aquatherapie · Wasser-Schuheinlagen**

DER WASSERLADEN
Trinkwasser & Gesundheit

Windscheidstr. 23 · 10627 Berlin · am S-Bahnhof Charlottenburg · Tel. (030) 324 96 25

mensch

natur

Auf Grundlage der Wesensverwandtschaft von
Mensch und Natur entwickelt die Weleda Arznei-
und Pflegemittel aus Natursubstanzen, die ganzheitliche
Wirkbeziehungen zum Menschen haben.

WELEDA

Informationen zur WELEDA: **Dialog-Telefon 07171/919-414,** Montag bis Freitag 9–16 Uhr

FORUM kreuzberg

Die Freie Volkshochschule Forum Kreuzberg ist ein kulturelles Zentrum mit Kursen, Waldorf-Kindergarten, Hort, Elternarbeit, Theater Kreuzberg und einem Jugend-, Wohn- und Ausbildungsprojekt mit Tischlerei.
Eisenbahnstr. 21, 10997 Berlin,
Tel. (030) 61 10 89 22

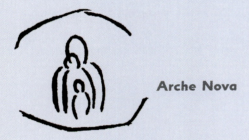

Arche Nova

Werkstatt für Sozialkunst-Gestaltung und Biographie-Arbeit
Bundesallee 140, 12161 Berlin
Tel. (030) 851 46 24

Alkoholkrankenhilfe, Beratung, betreutes Wohnen, Sozialtherapie. Buchladen mit anthroposophischem Sortiment und alkoholfreie Kaffeestube.
Gotenstr. 11, 10829 Berlin,
Tel. (030) 788 30 53, Fax (030) 788 34 64

HIMMLISCH

Wir backen mit demeter–Getreide von Höfen der Mark Brandenburg. Traditionell gegärter Sauerteig, Backferment und Hefe sind die treibenden Kräfte für unsere 33 Brotsorten und viele verschiedene Brötchen. Getreideflocken und köstliche Zutaten aus ökologischem Landbau mischen wir für unsere Müslis, Frühstücks–Crunchy und Clusters.
Täglich frisch beliefern wir fast alle Naturkostläden und Reformhäuser in Berlin und im Umland.
Gerne senden wir Ihnen auf Anfrage unsere Verkaufsstellenliste zu. Neugierige können mit Voranmeldung einen Blick in unsere Backstube werfen.

MÄRKISCHES LANDBROT

Bergiusstraße 36 ·12057 Berlin · Fon 613 91 2 0 · www.landbrot.de

Purple Tours

... das *etwas* andere Busunternehmen

Schul- und Klassenfahrten
z.B. Bildhauen in der TOSKANA

Kunst- und Studienreisen
z.B. nach CHARTRES

Jugendreisen
in den Sommerferien
z.B. nach KORSIKA und ELBA

Kompetenz, Erfahrung und individueller Service von Anfang an.
Ausführliche Informationen und Buchungen bei:
PURPLE TOURS • Trifte 23 • 28870 Ottersberg
Tel. 04293/7012 • Fax 04293/1434 Mo - Fr 10 - 16 Uhr

Wer uns nicht kennt, der pennt.

CHALET·SUISSE

Das Restaurant im Grünen
Clayallee 99, 14195 Berlin, Telefon 832 63 62
Täglich geöffnet von 11.30–24.00 Uhr

Sterngucker
Bücher · Spielzeug · Wäsche

Spreewaldplatz 4
10999 Berlin-Kreuzberg

Telefon 617 51 35
U-Bahn Görlitzer Bahnhof

Pur Natur

Naturtextilien
Erwachsene und Kinder

Schreibwaren  *Edelsteine*

Machnower Str. 25 Berlin-Zehlendorf
Tel./Fax 818 48 46

Mo.– Fr. 10 – 18 Uhr Sa. 10 – 13 Uhr

**demeter**

biologisch - dynamischer Rebenanbau

- für Menschen, für die Umweltschutz keine Theorie ist
- für Menschen, die die Schöpfung erhalten wollen
- für Menschen, die mit allen Sinnen geniessen wollen

Traubensaft - Wein - Perlwein

Weingut Volker Feth

Rodensteinerstr.17- 67592 Flörsheim-Dalsheim - Tel.:06243-7501

Reformhaus

DEMSKI
.... zum natürlichen und gesunden Leben

Mit unser außergewöhnlich breiten Palette an Produkten für eine gesunde und naturverbundene Lebensweise gehen wir bewußt neue Wege

In unserem **Natur Buffet** finden Sie neben einem breiten Angebot an vollwertigen Speisen (alles auch außer Haus) eine große Auswahl an ökologischer Käsesorten, biologischer Weine und erstklassiger Backwaren

Die **Natur Boutique** zeigt Ihnen auf 80 m eine große Auswahl modischer und aktueller Naturtextilien für Sie & Ihn, damit Sie sich in Ihrer Haut und Umwelt so richtig wohlfühlen können.

Unser klassisches **Reformhaus**-Sortimen umfaßt mehr als 6000 ausgewählte Natur-Produkte, die zu Ihrer Gesundheit, Ihrem Wohlbefinden und Ihrer Lebensqualität beitragen können.

Wir freuen uns auf Ihren Besuch!

Reformhaus DEMSKI – Teltower Damm 25 S-Bahnhof Zehlendorf – Onkel-Tom-Straße 99 U-Bahnhof Onkel-Toms-Hütte – Fischerhüttenstraße 83 U-Bahnhof Krumme Lanke – Turmstraße 70 U-Bahnhof Turmstraße
Service-Telefon: 030 / 811 88 66

Regenbogen

Der Regenbogen e.V. ist ein seit 9 Jahren bestehendes Aids-Hilfeprojekt mit einer Ladenwohnung in Schöneberg, wo u.a. wöchentlich ein Lese- und Gesprächskreis, eine Malgruppe und ein offenes Sonntagsfrühstück (ab 11.30 Uhr) stattfindet.
Brunhildstr. 6, 10829 Berlin,
Tel. (030) 784 31 26

Die 1992 in Ost-Berlin gegründete Initiative bietet Vorträge in lockerer Atmosphäre mit Schwerpunkt auf das anschließende Gespräch; Gesangsunterricht nach Werbeck-Svärdström; Schuhe selber machen; Papierschöpfen.
Ossietzkystr. 13, 13187 Berlin,
Tel. (030) 485 75 90

Gemeinschaftskrankenhaus Havelhöhe

Gegründet 1995 auf Anregung des Berliner Senats. 330 Betten. Fachabteilungen: Innere Medizin (Kardiologie, Gastroenterologie, Onkologie, Diabetologie, Drogenentzugstherapie, sowie allgemeine Innere Medizin), Chirurgie, Neurologie, Gynäkologie, Geburtshilfe. Anfragen über ambulante Versorgung und Beratung: Tel. 365 01 327.
Kladower Damm 221, 14089 Berlin,
Tel. (030) 365 01 0

Verein Gemeinschaftshilfe und Altersheim-Berlin e.V.

Haus Christophorus
für Anthroposophie und Sozialarbeit

Der Verein ist Träger eines Wohn- und Altenheimes und berät ältere Menschen.
Eyke-von-Repkow-Platz 2, 10555 Berlin,
Tel. (030) 399 034 95

ASSEKURANZKONTOR GMBH Assekuranzkontore im Fairbund der Arbeitsgemeinschaft
Bülowstraße 17
D-10783 Berlin

Michael v. der Osten und Partner
Versicherungsmakler
U-Bhf Bülowstraße
Telefon 216 70 00
und   216 80 00

Frei assoziieren statt konkurrieren: unabhängige Versicherungsvermittlung, Betriebs- und Projektberatung, Teekampagne und mehr...

Ein Solidarwesen ist immer ein Ergebnis gemeinschaftlichen Denkens in sozialer Verantwortung. Täglich stellen wir uns der Frage, wie ein neuer Umgang mit dem Versicherungswesen einen Beitrag zur Gemeinschaftsbildung und zur gestalterischen Initiative leisten kann. Seit über 15 Jahren bieten wir als Assekuranzmakler erprobte Deckungskonzepte, speziell in allen Varianten der Sach- und Haftpflichtversicherungen industrieller und betrieblicher Risiken sowie der Berufsunfähigkeits-, Kranken- und Rentenvorsorge zu vergünstigten Rahmenvereinbarungen. Sie sind herzlich eingeladen, unser Angebot in persönlicher Beratung zu nutzen.

Ihr zuverlässiger Partner für ökologisch ausgerichtete mittelständische Unternehmen, Handel und Gewerbe sowie Freiberufler.

Blabla

Danke, Herr Bundeskanzler!
Wir bieten detailliertere Antworten auf dringende Umweltfragen.

ROBIN WOOD

GUTSCHEIN für ein Probeexemplar des ROBIN WOOD-Magazins, einsenden an:
Robin Wood e. V.   Postfach 102122   28201 Bremen

Gäste und Bildungshaus

Ch., Ritsch und E. Knoll KEG

Lederergasse 3
6380 St. Johann i.T.
Österreich

Vigilia

Tel. 05352 - 62256
Fax 05352 - 62232

- Urlaub - Erholung - Aktivität - Bildung - Begegnung -
für
Einzelpersonen - Gruppen - Schulklassen - Kollegien

Bei uns finden Sie eine angenehme Atmosphäre zum Arbeiten und Erholen
Rufen Sie uns an oder fordern Sie unseren Prospekt an !

Schlafen Sie schlecht? Fühlen Sie sich unwohl?

Wenden Sie sich an uns!

DR. LENKEIT
Gesellschaft für Gesundes Wohnen

- ■ Messen und Beseitigen von Elektrosmog
- ■ Wohngiftuntersuchungen
- ■ Feststellen von krankmachenden Wasseradern und Erdstrahlen
- ■ Harmonisierung von Wohn- und Arbeitsräumen nach Feng Shui
- ■ Neubau und Sanierung

Fordern Sie unsere Unterlagen an!

DR. LENKEIT Gesellschaft für Gesundes Wohnen mbH

Königin-Luise-Str. 35
D - 14195 Berlin
U-Bahn Dahlem-Dorf

Tel.: (030) 841 761 - 0 · Fax: -19
Internet: www.gesundes-wohnen.de
E-mail: info@gesundes-wohnen.de

HEILPRAKTIKERAUSBILDUNG

Institut für Phytotherapie und Heilpraktikerschule
HEILEN MIT PFLANZEN e. V.

Seit 1994 gibt es am Kreuzberger Paul-Lincke-Ufer, keine hundert Meter von der Kottbusser Brücke entfernt, das IfP, das angehende Heilpraktiker in dreijährigen Kursen ausbildet.

Die Ausbildung (20 Std./Woche) beinhaltet das gründliche Studium der Anatomie, Physiologie und Pathologie. Da wir keine drittklassigen Mediziner, sondern erstklassige Heilpraktiker heranbilden, lernen unsere Schüler gleichzeitig und von Anfang an Pflanzenheil-kunde (als therapeutischen Schwerpunkt), Klassische Homöopathie und Chinesische Medizin, verschiedene Formen der Körperarbeit und ab dem zweiten Jahr Augendiagnose.

Die Phytotherapie ist eine an therapeutischen Möglichkeiten ungeahnt vielseitige und umfangreiche Heilmethode, die aus einem riesigen Fundus an Erfahrungswerten, Mitteln und Anwendungsmöglichkeiten schöpfen kann und sich durch ihre umfassende Wirkung auf den Menschen, selbst bei schweren chronischen Erkrankungen, auszeichnet. Wir lehren Phytotherapie als hervorragende Möglichkeit individueller, ganzheitlicher, biologischer Behandlung, deren Ausgangspunkt die Pflanze in ihrem gesamten Wirkungsspektrum ist.

Uns ist wichtig, praxisnah solides „Handwerkszeug" zu vermitteln. Das spiegelt sich auch in der Auswahl unserer Dozenten, die über langjährige Praxis- und Lehrerfahrung verfügen.

Und damit unsere angehenden HeilpraktikerInnen keine Heiltheoretiker bleiben, behandeln sie im dritten Ausbildungsjahr unter fachkundiger Anleitung der Dozenten in unserer Lehrpraxis ihre ersten Patienten.

Haben Sie noch Fragen? Wir freuen uns darüber.

Bürozeiten: Dienstag nachmittags und Freitag vormittags

Info + Anmeldung: **IfP** Heilen mit Pflanzen e. V.
Paul-Lincke-Ufer 42/43, 10999 Berlin
Telefon 61 12 89 33

Heilpädagogisch-Therapeutische Ambulanz

Peter Schrey

DIE INSEL

Arno-Holz-Straße 16
12165 Berlin (Steglitz)

Zweigstelle: Waldorfkindergartenseminar Dresden
Borstraße 23
01445 Radebeul

Telefon:
030 / 791 64 41
(Werktags von 8.00–12.00 Uhr)

- ➤ **Erziehungs- und Elternberatung**
- ➤ **Therapie für Kinder, Jugendliche und junge Erwachsene**
- ➤ **Scheidungs- und Trennungsmediation**
- ➤ **Lebensberatung und Biographiearbeit**
- ➤ **Pädagogische und integrative Kinder- und Jugendfreizeiten**
  (in Kooperation mit dem Janusz Korczak Institut, Wolfschlugen)

auf anthroposophischer Grundlage

Termine nur nach Vereinbarung
Bitte Kurzbeschreibung anfordern

Peter Schrey, Heilpädagoge, Kinder- und Jugendtherapeut
Mitarbeiter der Heilpädagogisch-Therapeutischen Ambulanz Henning Köhler.
Mitglied des Janusz Korczak Instituts Wolfschlugen (bei Stuttgart).

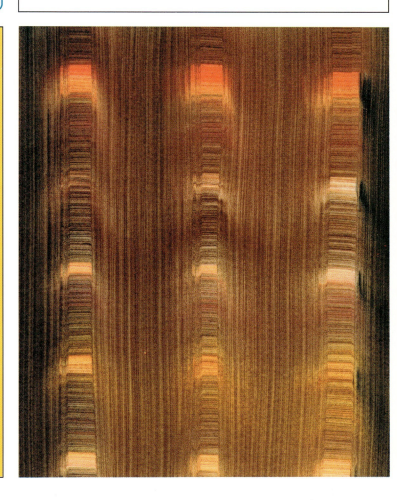

Schullandheim „Am Postfenn"

Ca. 100 Übernachtungsmöglichkeiten. Vollverpflegung, mit eigener Küche.
Am Postfenn 31, 14055 Berlin,
Tel. (030) 30 81 88 07, Fax (030) 30 81 88 06

ELTERNINITIATIVE FÜR
WALDORFPÄDAGOGIK
IN SCHÖNEBERG e.V.

Träger des Kindergartens „Morgenröte" und des Hortes „Silberfähre".
Vortragsreihe im Rathaus Schöneberg (Mi 20 Uhr).
Information über Marianne Knobloch,
Tel. (030) 218 57 30

Initiative Freie Waldorfschule Havelland

Es gibt Bestrebungen, eine Waldorfschule am Gemeinschaftskrankenhaus Havelhöhe ins Leben zu rufen. Information über: Verein Havelhöhe zur Förderung der Erziehungskunst Rudolf Steiners,
Tel. (030) 365 01 244

**Anthroposophische Gesellschaft
in Deutschland**

Öffentliche Leihbibliothek für Anthroposophie im Rudolf Steiner Haus. Geöffnet Mo. - Fr. 9 - 12 Uhr, Di. 16 - 19.45 Uhr, Mi. und Do. 18.30 - 19.45 Uhr, Fr. 16 - 19 Uhr.
Bernadottestr. 90/92, 14195 Berlin,
Tel. (030) 84 10 80 23
Das vierteljährlich erscheinende Heft mit Informationen über anthroposophische Aktivitäten in Berlin ist unter obiger Adresse zu erhalten.

EINMAL UM DIE GANZE WELT

Berufsausbildung zum/zur
Touristikassistenten/in

Beginn: **05. 10. 1998**
Dauer: 24 Monate inkl. 3 Monate Inlands-, anschließend 3 Monate Auslandspraktikum
Voraussetzung: allgemeine Hochschulreife mit 6 Schuljahren Englisch und 3 Schuljahren Französisch

Education GmbH
Storkower Str. 140
10407 Berlin

Anmeldung und individuelle Beratung:
tägl. 9 – 16 Uhr, Tel. (030) 4 21 12 81

Wollpullover & Filzpantoffeln
Pullover aus Skandinavien und Island
Seemannströyer in vielen Farben
Filzhausschuhe aus Finnland und dem Erzgebirge
und anderes aus Naturmaterialien
Eva Linke, Nordlicht, Gneisenaustr. 19
10961 Berlin · tel. 811 97 76

EIKA Einkaufsgesellschaft für gemeinnützige Einrichtungen mbH

Als Handelsunternehmen beliefern wir seit 1989 europaweit Waldorfschulen, anthroposophische und andere gemeinnützige Einrichtungen, kostengünstig mit allen Verbrauchs- und Investitionsgütern. Unser Sortiment reicht vom Farbstift bis hin zu Werkstatt- und Großkücheneinrichtungen. Teilen Sie uns Ihren Bedarf mit!

Wiederholt sind wir in der Vergangenheit von Mitarbeitern verschiedener Einrichtungen gefragt worden, ob wir nicht einige Artikel auch direkt an Mitarbeiter und Freunde liefern können. Diesem Wunsch entsprechend, liefern wir bundesweit auch an Privatpersonen u. a. den TRETFORD Naturteppichboden.

Wir liefern schnell, preiswert und frei Haus.

Rufen Sie uns an.

Kotthausen 3a · 42399 Wuppertal
Tel: 0202-61 25 82 · Fax: 0202-61 24 32

WEG DER MITTE
Seit 21 Jahren erfolgreich in Berlin und Thüringen

HEILPRAKTIKERAUSBILDUNG
Ausbildung in der Kunst und Wissenschaft des Heilens

Sie erwerben medizinisches und therapeutisches Wissen auf dem Hintergrund eines ganzheitlichen Menschenbildes.

Dreijährige Halbtagsausbildung ab April 1999
Schwerpunkte:
Körpertherapie und wahlweise Homöopathie oder Chinesische Medizin

Informationsabende:
1. Oktober 20 Uhr, 13. November 18 Uhr

Fordern Sie unsere Programme an!

WEG DER MITTE e. V.   Milinowskistr. 35   14169 Berlin   Tel: 813 10 40

Gebrüder Berger

STOFFE   engros &
preiswerte Sonderposten
MODE & DEKORATION

10785 Berlin, Potsdamer Straße 68
Nähe Potsdamer Platz
Fax 262 82 11, Telefon 261 16 61

AUFNAHME SOFORT
Tag &* Nacht

für *hilfe*suchende Süchtige
ohne Vorbedingungen

Auch süchtige Mütter mit ihren Kindern.

*030-550000

Stiftung Synanon
DER NÜCHTERNE WEG.

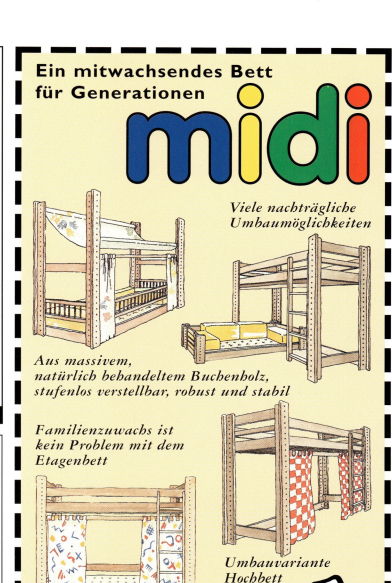

Ein mitwachsendes Bett für Generationen
midi

Viele nachträgliche Umbaumöglichkeiten

Aus massivem, natürlich behandeltem Buchenholz, stufenlos verstellbar, robust und stabil

Familienzuwachs ist kein Problem mit dem Etagenbett

Umbauvariante Hochbett

Viele Zubehörteile: u.a. Bücherablage, Himmel, Hängematte, Vorhang

TROLLHUS
FACHHANDEL FÜR KERNGESUNDES WOHNEN

Trollhus • Hohenzollerndamm 6 • 10717 Berlin
Mo – Fr 10 – 19 Uhr, Sa 10 – 16 Uhr

Bundesverdienstkreuz für dienstältesten Berliner Waldorflehrer

Mit 76 Jahren ist Heinz Schupelius immer noch als Lehrer für Mathematik, Physik, Chemie, Technologie, Religion und im Seminar für Waldorfpädagogik tätig. Schon 1957 baute er für seine Schüler eine alte Waschmaschine in eine Neutronenquelle um, in die man hineinschauen kann. Besonderen Wert legt er auf den experimentellen Zugang zur Naturwissenschaft: genaues Hinschauen und Messen als Anregung zum Denken ist besser als ein Überstülpen von Modellvorstellungen. Vor Fachlehrern an Gymnasien wurden die originellen Abituraufgaben des damals noch jungen Waldorflehrers Schupelius vom Oberschulrat Jochmann als vorbildlich gepriesen. Nach seiner Pensionierung hatte er wesentlichen Anteil am Aufbau der Oberstufe der Emil Molt Schule.

ZUR PERSON

Kreativ und bescheiden

Ein wahrer Pädagoge: Heinz Schupelius   FOTO: NUNEZ

IG – „Und nun?" fragten die Begleiter erwartungsfroh Heinz Schupelius, der gerade von Zehlendorfs Bürgermeister Klaus Eichstädt mit dem Bundesverdienstkreuz ausgezeichnet worden war. „Erst mal das Ding hier ab", antwortete der ältere Herr und nestelte an dem fünfmark-

stückgroßen Orden an seinem Revers. Nicht gleichgültig, vielmehr ist es einem Mann wie dem Waldorf-Lehrer Schupelius schlicht peinlich, so dekoriert für etwas „Selbstverständliches" durch das Rathaus zu marschieren. Nicht „Seht her", sondern „Seht hin" bestimmt sein Leben. Hinsehen, abwägen, umsetzen. Kein Pädagoge unter vielen. Wie Stadtrat Schlede formulierte: „Einen wie Sie muß man wie die Nadel im Heuhaufen suchen." Weil der Vater von fünf Kindern ein Pädagoge im klassischen Sinne ist: Einer, der Menschen liebt, sich interessiert. Der sich trotz seiner bald 77 Jahre nicht zur Ruhe setzen kann. Zum Glück der Schüler und auch zu seinem eigenen. Lebenselixier ist keine Floskel. Erst seit diesem Schuljahr absolviert er nicht mehr das volle Pensum, der Physikleistungskurs sowie die Lehrerfortbildung profitieren aber noch von seiner Kreativität, die selbst Mathematik und Physik Unterhaltungswert ermöglicht. Wie die Leiterin der Steinerschule formulierte: „Er ist der Älteste an Jahren, aber der jüngste von uns." Mathematik, Physik, Chemie, Technologie, Religion und Waldorfpädagogik sind die Schwerpunkte des Mannes, der in 46 Jahren keinen Schultag verpaßte. Dafür in den Ferien mit Schülern Segeltörns unternimmt, auf Feldmeß- und Astronomietouren ging.

Lehrer wollte Heinz Schupelius wahrhaftig nicht werden, als er das Physikstudium an der TU begann. Kurz nach dem Examen kam es zu der wegweisenden Szene. „Ich experimentierte ständig im Keller und war eines Tages völlig überrascht von der Belebtheit auf dem Kudamm. Da dachte ich: Hier stimmt doch etwas nicht." Mit den Ideen Rudolf Steiners fühlte er sich ohnehin verbunden, und so schien alles weitere so logisch wie eine mathematische Formel. Wobei im Fall Schupelius die Größe X keine Unbekannte ist, sondern Menschlichkeit.

aus: »Die Welt« vom 9. September 1998, »Berlin und die Mark«, S. 36.

Das Video!

Wie lebt Waldorf-Pädagogik in verschiedenen Ländern, Kulturen und Religionen?

Wie werden in unterschiedlichen sozialen Situationen äußere und innere Räume gestaltet, die eine individuelle Entwicklung von Kindern und Jugendlichen ermöglichen? Der Film geht der Frage nach, welchen Beitrag Waldorf-Pädagogik für die Aufgabenstellungen des nächsten Jahrhunderts leisten kann.

Der fünfjährige Syassanga, der in der Blechhütte einer Township bei Kapstadt wohnt, besucht den Waldorfkindergarten von Khayelitsha. In der Waldorfschule Jaroslawl/Russland wird die Hausbauepoche einer dritten Klasse, in die Ksjuscha geht, begleitet. Tal aus der sechsten Klasse einer Kibbuzschule in Israel wird im Sprach- und Geologieunterricht und bei einer Exkursion in die Wüste begleitet. Maria, 15 Jahre, die in der Favela Monte Azul in Sao Paulo lebt, führt in die dortigen Werkstätten und zeigt ihre künstlerischen Aktivitäten. Aron, 19 Jahre, berichtet schließlich von seiner wissenschaftlichen Abschlußarbeit an einer deutschen Waldorfschule.

WALDORF
Waldorf
Waldorf
WALDORF

AugenBlicke in die Zukunft

Waldorf-Pädagogik weltweit

Sie können dieses Video in deutscher Sprache und auf Anfrage auch in englischer, spanischer und russischer Sprache erhalten.

60 Minuten Spieldauer
Regie: Malika Chalabi
Produktion und Copyright
© Freunde der Erziehungskunst Rudolf Steiners

DM 35,–
(zzgl. Versandkosten)

Und so bestellen Sie Ihr Video ...

Bitte geben Sie Stückzahl und Sprache an. Weiterhin benötigen wir die Adresse, an die wir liefern sollen, und Ihre Unterschrift.
Schicken Sie Ihre Bestellung an:
Kooperative Dürnau
Im Winkel 11, D-88422 Dürnau
Sie erhalten dann umgehend Ihr Video, Abrechnung erfolgt per Rechnungsstellung.

Freunde der
Erziehungskunst
Rudolf Steiners

Waldorf Net

Aus der mailbox

Seit Anfang 1996 sind die Berliner Waldorfschulen im Internet unter www.waldorf.net vertreten. Der dort aufrufbare Artikel „Was will Waldorfpädagogik?" regt immer wieder die verschiedenartigsten elektronischen Briefwechsel an, weltweit. Es folgt eine Kostprobe aus Deutschland.

Von: Peter Dimmroth
<postmaster@alaris.inka.de>
An: webmaster@waldorf.net
<webmaster@waldorf.net>
Datum: Dienstag, 24. März 1998
17:08
Betreff: Öffentlichkeitsarbeit
im weitesten Sinne

Sehr geehrte Damen und Herren,

ich selbst war nie Waldorfschüler, habe jedoch einen ge-
ringfügigen Einblick in die Werte, Ziele und Aufgabenstellung
der freien Schulen nach R.
Steiner und kenne ein bißchen
die Waldorfschule Karlsruhe. Zu
Hause habe ich das Buch „Erziehung zur Freiheit".

Nun geschieht es immer wieder,
daß ich mit Leuten zusammenkom-
me, welche die seltsamsten Vorstellungen oder auch Vorurteile
bezüglich der Waldorfschulen und
deren Schüler pflegen (indoktri-
nierend, arrogant, realitätsfern,
„heile Welt", lebensuntüchtig
usw. usw...)

Ich persönlich habe den Ein-
druck, daß es sich hier allesamt
um PROJEKTIONEN des jeweils eigenen Zustandes und des der
staatlichen Schulen handelt und

frage hiermit nach, ob es im Bezug
auf diesen Sachverhalt irgendein
Dokument, ein Buch oder eine Schrift
gibt, welche diesen Zusammenhang be-
leuchtet.

Ich würde mich freuen von Ihnen zu
hören und grüße Sie alle herzlich in
Hochachtung vor Ihrer Arbeit.

P.Dimmroth
Karlsruhe

*** File Transfer Completed! ***
Mail!

Es folgt ein Auszug aus der Antwort an Herrn Dimmroth:

To: Peter Dimmroth > INTERNET:
postmaster@alaris.inka.de
Subj: Öffentlichkeitsarbeit im weitesten Sinne

Sehr geehrter Herr Dimmroth,

vielen Dank für Ihre interessanten
Bemerkungen. Da ich kein Dokument
oder Buch zu diesem Thema kenne, folgen einige spontane Gedanken.

Das Phänomen der „Projektion" ist
weit verbreitet: Gerade dort, wo man
selbst die größten Schwächen hat,
kritisiert man gerne seine Umwelt.
Fairerweise muß man zugeben, daß es
Projektionen in beide Richtungen
gibt: auch Waldorflehrer schauen
nicht immer gern den echten Schwächen
ihrer Schule ins Auge! Diese entsprechen aber selten den sich hart-
näckig wiederholenden Angriffen von
außen.

Die von Ihnen genannten „seltsamen
Vorstellungen" haben in letzter Zeit
besonders makabre Blüten getrieben.
Wilde Vermutungen kennen keine Grenzen. Mit einem Fragezeichen verse-

Auf nach Berlin

Hotels & mehr

Wir gratulieren zu
70 Jahren
Waldorfpädagogik
in Berlin

Wählen Sie unsere
Hotline.

Fon (o3o) 78 77 77-0
Fax (o3o) 78 77 77-99

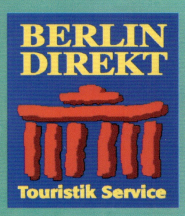

BERLIN DIREKT
Touristik Service

hen, tröpfeln diese als Sensationsmeldungen immer wieder in die Medien hinein, auch wenn sie sich völlig jenseits von Gut und Böse befinden.

Dahinter steckt ein weltanschaulicher Konflikt. Die Anthroposophie als Hintergrund der Waldorfpädagogik hat den Kern der Aufklärung nicht aufgegeben: den Glauben an die Möglichkeit des Menschen, sich aus der Vernunft selbst und frei zu bestimmen. Der in die Fehlentwicklung gegangene Zweig innerhalb der naturwissenschaftlichen Weltanschauung hat das Dogma ausgebildet, der Mensch könne kein freier Geist sein, sondern nur ein Produkt seiner Biologie und seiner Umgebung. Diese Anschauung hat die Basis der Aufklärung verlassen. Sie kann für die Anthroposophie kein Verständnis haben; zu einer Pädagogik zum freien Menschen kann sie auch nichts beitragen. Lippenbekenntnisse zur Freiheit müssen ohne Sinn bleiben, wenn es den freien Menschen gar nicht gibt!

Daß es keinen freien Geist ohne eine geistige Welt, in der dieser verankert ist, geben kann, hat auch Sir Karl Popper in seiner Drei-Welten-Theorie erkannt. Wenn man dann die geistige Welt der Sinneswelt zugrunde legt, stellt man das Dogma des Materialismus endgültig auf den Kopf. Obwohl das mächtigste Instrument der Naturwissenschaft, die Mathematik, eine Geisteswissenschaft ist, die verborgene geistige Zusammenhänge, die der Sinneswelt zugrunde liegen, erforscht, hat der herrschende Materialismus den Geist dogmatisch zum Nebenprodukt der Materie erklärt.

Die Geisteshaltung, die den Geist selbst leugnet, kann in der Pädago-

gik den Werteverfall des „anything goes" nicht aufhalten. Der daraus resultierende geistige Nihilismus setzt nun zu seinem Endsieg an. Dazu gehört das Ausmerzen jeglicher höheren menschlichen Werte. Da diese in der anthroposophischen Pädagogik unverhohlen gepflegt werden, werden Anthroposophie und Waldorfpädagogik vorne mit in der Schußlinie stehen.

In der Regel leisten die heutigen Waldorfschulen - trotz aller Diskrepanz zwischen Ideal und Wirklichkeit - eine beachtliche Arbeit. Waldorflehrer sind meist Menschen, die sich für die ihnen anvertrauten Kinder und Jugendlichen mit Haut und Haar einsetzen und einen phänomenalen Arbeitseinsatz erbringen. Wenn es eine Gewerkschaft der Waldorflehrer gäbe, müßte diese etwas für eine sofortige und drastische Reduzierung des Arbeitspensums tun. Aber Waldorflehrer empfinden sich selten als Angestellte. Sie verantworten ihre Schule selbst und handeln deswegen wie Unternehmer. Letztere arbeiten eben meist sehr viel mehr als Angestellte. Das kommt den Kindern und den Jugendlichen zugute, wie es die Mehrheit der zufriedenen Eltern von Waldorfschülern zu schätzen weiß.

Mit freundlichem Gruß,

Dr. Detlef Hardorp
Bildungspolitischer Sprecher der
Waldorfschulen in
Berlin-Brandenburg

Dienstleistung auf dem kurzen Wege.

Druckqualität aus dem Herzen der Hauptstadt.

Vielfalt aus einer Hand.
Kataloge . Festschriften . Plakate . Zeitschriften
Bücher . Prospekte . Broschüren
Druckvoll in die Zukunft.

Ersparen Sie sich lange
und umständliche Wege
und nutzen Sie unseren
Komplett-Service!

kp

Kupijai & Prochnow
Buch- und Offsetdruckerei GmbH & Co KG
Blücherstraße 22
10961 Berlin (Kreuzberg)
(Postfach 61 03 38 · 10925 Berlin)
Telefon (0 30) 69 00 08-0
Telefax (0 30) 69 00 08-22
ISDN (030) 69 00 08-36
e-mail kupijai@aol.com

Bildnachweis

Marlies Kross, Cottbus: 20, 22, 26, 27, 29 oben, 33, 34 oben, 44, 71, 107 oben und unten.
Mike Hughes, Berlin: 31, 42, 75 unten, 76, 80, 81.
Archiv der Rudolf Steiner Nachlaßverwaltung, Dornach/Schweiz: 9
Landesbildstelle Berlin, Wikinger Ufer 7, 10555 Berlin: 74 oben und unten
Bildflüge: 1959, Aero Exploration, Frankfurt, 88 oben
             1989, Hansa Luftbild, Münster, 88 unten
             1993, Eurosense, Köln, 89 oben
             1998, GTP GmbH, Stade 89 unten
Für alle Bildflüge: Mit Erlaubnis der Senatsverwaltung für Bauen, Wohnen und Verkehr – V –
Louis Locher-Ernst, Projektive Geometrie: 37

Impressum

Herausgeber: Landesarbeitsgemeinschaft der Waldorfschulen in Berlin-Brandenburg, Rudolf Steiner Schule Berlin
Redaktion: Dr. Detlef Hardorp
Gestaltung: Bernd Kaufmann
Buntpapiere im Anzeigenteil: © 1998 Barbara Cain, Berlin
Lithografie: Reprowerkstatt Rink, Berlin
Druck: Kupijai & Prochnow, Berlin
Buchbinderische Verarbeitung: Buchbinderei Stein, Berlin
Papier: Chlorfrei gebleicht Profistar
Druckfarben: Ökofarben
Projektbetreuung: Eisenkorn Verlag, Berlin
© 1998 by Rudolf Steiner Schule, Berlin
bzw. den einzelnen Text- und Bildautoren

ISBN 3-00-003457-9

Alle Rechte, insbesondere das Recht der Vervielfältigung, Verbreitung und Übersetzung, vorbehalten. Kein Teil des Werkes darf in irgendeiner Form (durch Photokopie, Mikrofilm oder ein anderes Verfahren) ohne schriftliche Genehmigung reproduziert oder unter Verwendung elektronischer Systeme verarbeitet, vervielfältigt oder verbreitet werden.

Die Festschrift kann gegen eine Schutzgebühr von DM 10,– zzgl. DM 5,– Versandkosten bezogen werden von der Koordinationsstelle für Öffentlichkeitsarbeit der Landesarbeitsgemeinschaft der Waldorfschulen in Berlin-Brandenburg
Rudolf Steiner Schule, Auf dem Grat 1–3, 14195 Berlin, Telefon (030) 83 00 91-0, Fax (030) 83 00 91-55
email: waldorf@waldorf.net, http://www.waldorf.net

Inhaltsverzeichnis